1000％の建築 つづき

僕 は 勘 違 い し な が ら 生 き て き た

谷 尻 誠

タイトル命名 ／ 武井カルロス正樹

はじめにという文章を、ぼくはすべてを書き終えた今、書こうとしています。すべてを書き終え
ないうちは、この本をとおして自分が何を伝えたいのかが、見えないような気がしたからです。
書き終えて、まず、ぼくは建築が好きだということ、また、「考える」ことに興味があることが、
改めて分かりました。ぼくは建築をとおして、考えることについて考えていきたいと思ってい
ます。つまり「考えるを考える」といって、建物の設計以前に、考え方を設計するということで
す。たとえば広いリビングを設計するなら、なぜ人は広さを感じるのかについて考えたいし、
明るい空間を設計するには、窓の大きさよりも太陽について考えることが重要かもしれません。
知識を重ねながらも一度リセットし、"無知"になって考えることが、建築をつくるうえでとても
大切なんじゃないかといつも感じています。当たり前だと思っていたことについて改めて考え
てみたり、普段気にもしなかったことを気にとめてみたりすることは、好奇心にあふれた子ど
もの頃に戻っていくような行為なのではないでしょうか。好奇心は、人を大きく成長させてく
れます。しかし大人になると、そんな好奇心が少なくなっているような気がするんです。好奇心
をもつことは、考えることの1つのきっかけになり得ますし、そしてそれは建築に限らず、ど
んなことにも置き換えられるとぼくは思います。建築に出会ったからこそ、ぼくはそんな思い
を持続できていると言えます。だからこそ建築をとおして、少しでも多くの方々に、好奇心をも
って考えることの大切さを伝えていきたいし、その延長線上で建築の素晴らしさを、みなさん
に届けて行きたいと考えています。そんなぼくの心の中にある断片を、今回は本という形で設
計することができました。今できるすべての思いを込めました。建築について、日常について、
過去と未来について、少しでも考えてみることのきっかけになれば、と強く思います。ときどき
見返してみたくなる、そんな本にしたつもりなので、末永くみなさまよろしくお願いいたします。
この本を手にしてくださったことに心から「こんにちは」「ありがとう」な思いでいっぱいです。

2 度 目 の は じ め に

ぼくは今、まさに2度目のはじめにを書いています。

この本を出版したとき、願いを込めて空白のままにした「未完成の対談」というページがあります。この本を書いていたとき、どうすれば本というものが建築のように設計できるのかを、ずっと考えていたことを思い出します。書く内容に合わせた、紙、色、厚み、文字、絵について考えて、ただそれを表現することに注力していました。建築は完成した時がゴールではなく、むしろそこがスタート地点で、住む人や使う人が建築を育てていきます。その時も本というものは、読む人が使いきってくれて育っていくものだと考えていました。本の中に糸井重里さんとの対談企画を入れたくて、糸井さんへの企画書について考え、デザインして、それを入れるための封筒について考え、その封筒に書かれる文字、切手の貼り方までをも考え尽くしたあの頃がなつかしくもあり、プロジェクトに向き合う姿勢として、今でもそうあるべきだと思うのです。企画はその時には実現できませんでしたが、8年という時を経て糸井さんとの対談を実現することができ、今まさにこうやって、そのページがうまり、改訂版として本が育つ瞬間に僕たちは立ち会っています。2012年3月から時間は経過しましたが、あのころに本を手にして下さった方が、また書店でこの本に出会い、本の成長を見届けてもらえたときにはじめて、2012年の時に考えていたことのひとつが実現するのだと思います。

仕事をしていると、提案が通らなかったり、コンペで負けたりと悔しい思いをすることが多々ありますが、勝ち負けも大切ですが、その時に何を考えることができたのかということが、なによりも大切です。

諦めなければ必ず実現する。

そんな思いを形にすることができたことを心からうれしく思います。

CONTENTS

勘違いのはじまり

勘 違 い が 生 ま れ た 部 屋

ぼくが生まれ育った家についてお話しします。実家は、間口4m、奥行25m、典型的な「うなぎの寝床」の町家でした。今の生活様式からは想像しにくいかもしれませんが、町家では屋外と屋内の関係が密接なため、雨の日は傘をさして台所に行き、冬には尋常でない寒さを体感しました。室内に雪が降ってきたことさえありましたね。そしてお風呂は、五右衛門風呂！鋳鉄製の風呂桶に水を入れ、毎日直火でお湯を沸かすんです。風呂焚きはぼくの仕事だったので、夕方になると遊びを中断して、帰宅して薪をくべていました。さらには室内が暗いので、夜に行くトイレはまるで肝試し。自分の家なのにビクビクするほどです。「町家」というと古き良き時代の生活を連想しがちですが、実家のことを振り返ると、このように不便なエピソード

をまず思い出します。当時はそんな町家での生活がイヤでイヤでたまらず、

「大人になったら大工さんになって、綺麗で便利なお城を建てるんだ」とよく

人に話していました。ところが実家を離れて約20年が経った今、町家での

暮らしが実に風情あるものだったと気づかされます。町屋の内部を吹き抜け

ていた独特の風のおかげで室内には夏でも必ず涼しいところがあり、そこ

でよく昼寝をしたものです。季節の変化も手に取るように分かる家でした。

また、決して明るい室内ではなかったので、明かりの大切さや、刻々と暮れ

ゆく日の移ろいを感じることができました。今自分が設計の仕事をしてい

くうえで、町屋で生活した経験は大きな財産になっています。不便さを受

け入れた経験が、今の自分の考え方の背景にあるようにも思えるのです。

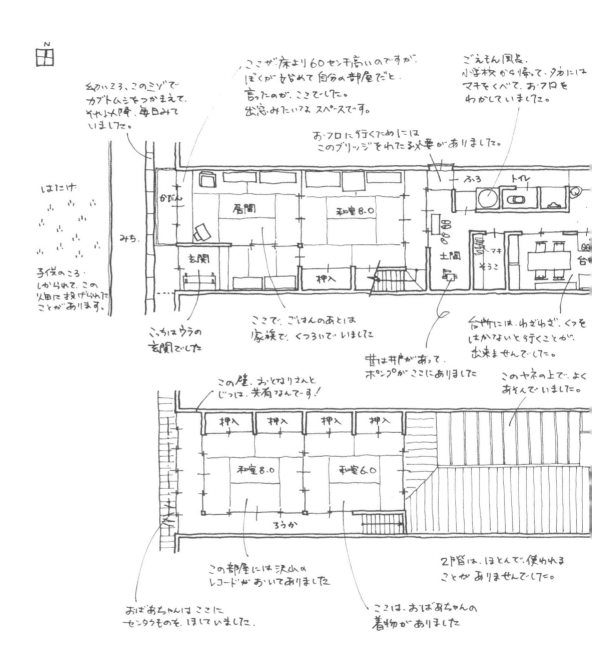

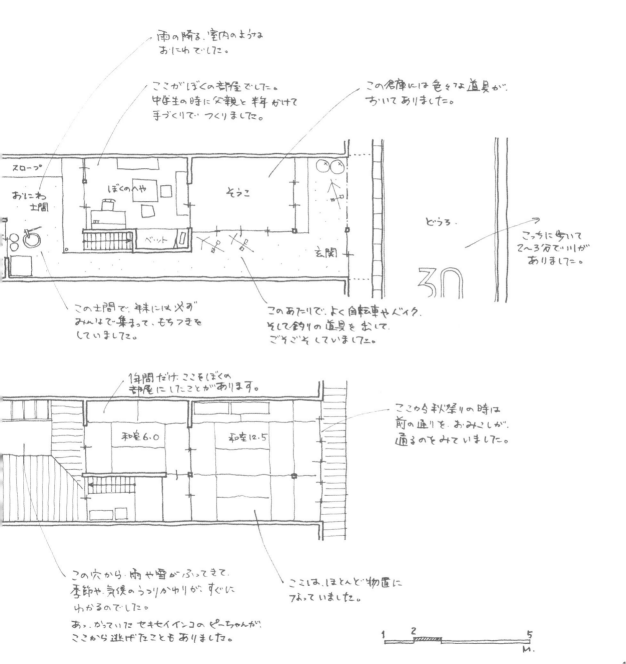

雨の降る、室内のような
おにわでした。

ここがぼくの部屋でした。
中学生の時に父親と半年かけて
手づくりで つくりました。

この倉庫には色々な道具が、
おいてありました。

スロープ

おにわ
土間

ぼくのへや

そうこ

どうろ

玄関

こっちに歩いて
2〜3分で川が
ありました。

この土間で、年末には必ず
みんなで集まって、もちつきを
していました。

このあたりで、よく自転車やバイク。
そして釣りの道具を出して、
ごそごそ していました。

30

1年間だけここをぼくの
部屋にしたことがあります。

ここから秋祭りの時は
前の通りを、おみこしが、
通るのをみていました。

和室6.0

和室12.5

この穴から、雨や雪がふってきて、
季節や気候のうつりかわりが、すぐに
わかるのでした。
あっ、かっていた セキセイインコの ピーちゃんが、
ここから 逃げたことも ありました。

ここは、ほとんど物置に
つかっていました。

1　2　　　　　　5
　　　　　　　　　　M.

きっかけはマンガ

　ぼくは一人っ子だったこともあって、幼少期はテレビやマンガをよく見ていました。フィクションとノンフィクションの区別がつかず、すべてが現実の世界の話だと思っていたほどです。

　『ダッシュ勝平』というバスケットボールのマンガをご存じですか? 背の低い主人公が、背の高い選手の股の下をドリブルで華麗に抜けていくシーンや、ユニフォームをパラシュートのように使って、長い滞空時間の後にシュートを決めるシーンなどを見て、そんなことができるんだ! と本気で思い込んでいました。また『プロゴルファー猿』というマンガには、カップの上で風にはためく旗にゴルフボールを命中させ、旗に包み込まれたボールがそのまま落下してカップインする「旗つつみ」という技が出てきます。これもぼくはできると思い、かまぼこ板と木の枝でゴルフクラブをつくり、「旗つつみ」の特訓をしたこともありました。子どもの頃のぼくにとって、目に映る多くの物事はあまりにも新鮮で眩しくて、だから現実の目標にもしたくなったのだと思

います。世の中には不可能なこともあるんだとそれなりに分かってきた現在、あの当時のような想像が今でもできるかと問われれば、大人の「分別」がぼくの想像力にブレーキをかけてしまいそうな気もします。経験により、可能と不可能を見極めることが大事なのは確かです。経験を重ねれば失敗の確率も減る。しかしその一方、経験則に邪魔されて失敗を恐れ、挑戦することに踏み切れない状況に陥ることも多いのだと思います。人生のなかで、高いハードルを跳び越えてなにかを実現することが求められたとき、「可能か、不可能か」をそのときの自分の能力だけで判断するのではなく、まずは挑戦することによって、「可能」の限界点を少しずつ高める。ぼくはそう心がけています。なにか新しいものや新しい考え方に出会うためには、ほんの少しでもよいので、「思い込み」や「勘違い」という行為が必要です。挑戦することの大切さ、失敗したときにこそ学べる大きなものを見失うことなく、これからも建築と向き合っていきたいと強く思います。

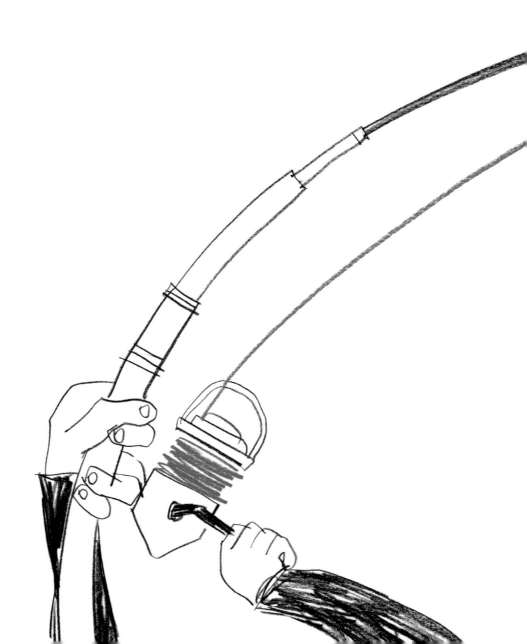

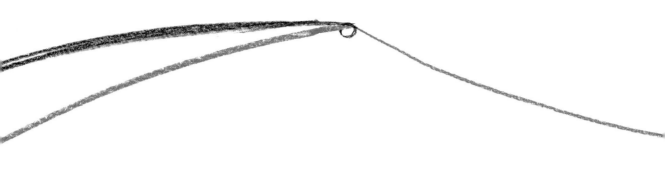

小・中学生の頃は学校が終わると、マンガ『釣りキチ三平』のように、ほとんど毎日釣りをしていました。とはいえ、家のそばにある川での釣りは、針に餌をつけて川に投げ込むだけ。あとは、魚が喰い付いてくるまでただボーッと待つばかり。やがて退屈になり、違う遊びを始めるありさまです。冬のある日、「釣りをしながらの凧揚げ」をしていたときのことです。凧が空高く揚がれば揚がるほど楽しかったのですが、凧糸を巻くのが面倒になってきました。そのとき、川に置いてきた釣竿のことが頭に浮かんだのです。

釣り竿のリールで凧糸を巻けばいいじゃないか、と思いついたんです。リールの本来の使い方にとらわれなければ、釣りも凧も、「糸を巻き取る」という行為は一緒なんですよね。喰い付きの悪い魚釣りと違って、大空を泳いでいる「凧の釣り」は、風が強くなればなるほど、引きの強い魚との格闘のように感じられ、エキサイティングな体験でした。後になって気づいたんですが、幼少期ってモノの使い方に関しても想像力であふれていて、釘を打つために石を使ったり、魚を入れる発泡スチロールをたくさん集めて船をつくったり。そんな想像力が心を豊かにしていたように思います。なのに今は、きっとそんなことができにくくなっているのかもしれません。「使い方を間違える才能」、今になって、とても大切な気がするのでした。

『ダッシュ勝平』の影響で始めたバスケットボールも、中学時代にはすっかり夢中になりました。選手としては背が高くなかったぼくは、ゴール付近の争いになるとどうしても不利になります。そこで、『ダッシュ勝平』の主人公が背の低さを利点にしたように、ぼくもゴールから遠い「3ポイントのライン」からシュートを打つ練習を一生懸命やっていました。しかし試合になると、相手チームのディフェンスに阻まれ、練習中はスムーズに打てていた3ポイントシュートを、簡単に打たせてもらえません。考えたすえ、ぼくは気がつきました。3ポイントのラインというのは、「今からシュートを打ちますよ」と相手チームに教えてしまうラインでもあることに。そこでぼくは、このラインよりさらに1メートル離れたところからシュートを打つ練習を始めました。ゴールまでの距離は遠くなりましたが、練習を重ねた結果、1メートル離れた位置からでも今まで以上の確率で

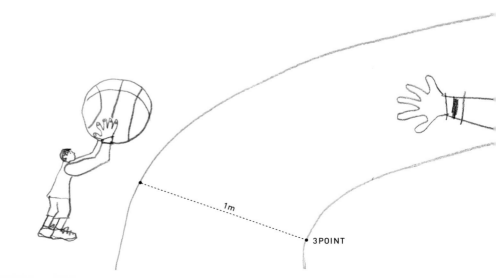

1m

3POINT

シュートが入るようになりました。しかも試合では、そんなところからシュートを打つ選手はいませんから、相手チームのディフェンスが対応できず、誰にも邪魔されずにシュートを決められたのです。さらに相手チームは、今までよりも広範囲を守らなければならなくなり、ぼく以外の選手ものびのびとプレーできる状況まで生まれました。「ゴールから離れればシュートの成功率が落ちる」という思い込みをほんの少し変えてみて、より離れたところを自分にとって当たり前の距離としてとらえたことで、ぼくにとってもチームにとっても、大変有利な状況をつくることができたわけです。建築の仕事をしていても、このような状況に遭遇することがよくあります。今自分が立っている場所から1メートル離れることは、不利になるのではなく、むしろ視野が開けることなんだと自分に言い聞かせながら、今日もシュートを打ち続けています。

PHASE 03

この対談記事は、2011年11月5日、B GALLERY（BEAMS JAPAN）で開催された谷尻誠
展覧会「Relation」での谷尻誠・窪之内英策トークショーの内容を抜粋・編集したものです。
協力：株式会社ビームス

ツルモクから建築家へ

EISAKU KUBONOUCHI × MAKOTO TANIJIRI

illustration : eisaku kubonouchi

はじめまして
建築家の谷尻 誠です

どもども
漫画家の窪之内英策です

実はぼくが建築家を目指す
きっかけが窪之内さんの漫画
『ツルモク独身寮』
だったんです

主人公の正太君に影響されて
インテリアデザイナーというものに
すごく興味をもったんです

高校時代に読んで
ハマってしまいまして

『ツルモク』を読んでから
週に一度 部屋の模様替えを
し始めちゃって（笑）

なるほど
ツルモクの連載を
始めたのが21歳のとき

「漫画家になります」と
言って会社を辞めたんです

それ以前に「カリモク」という
家具工場で一工員として
働いてたんですが
幼い頃からの夢を捨てきれなくて

ツルモクを描くきっかけは
カリモク時代の寮生活の
楽しかった思い出が
ベースになっています

連載当時21歳！
お若かったん
ですね

不安とかは
なかったですか？

はい
後で後悔したく
なかったんで

20代を適当に遊んで
流されるより
早い段階で勝負したかった

原稿という結果を作って
それがプロとして通用
するかどうか
早く試したかったんです

自分が今どのあたりに
いるのかを
測るためにですか？

自分だけで完結してたら
それは
趣味になっちゃうんで

そうです
他人に評価されて
初めて自分のレベルが分かる

すごいなあ
ぼくはその歳の頃
フラフラと
遊んでいました

自転車のレースとか行くのに
長い休みを取れないかなとか
人の言うこと聞いてるのも
イヤなんで自由になりたいな
とか

独立したのが26歳の時
なんですけど
もうほんとに
かなり適当なスタート
だったんですよ

会社辞めた時はお金が無くて
友人の家に居候してたんです

ぼく 人と一緒にいるのが
全然平気なんですよ

自分一人じゃ何もできないから
仕事についても
人に聞くことにしてます

自分に能力がないって
どっかで思ってて
そのかわり
色んなことを聞く能力は
あるのかなって

それは
見習いたい
なあ（笑）

モノつくってると だんだん
予定調和になっちゃうじゃ
ないですか

すると
予定不調和 を
求めたくなりません?

あ なんか
分かります

漫画も建築も同じだと
思うんですが

こうやるとこうなるなって
いうのが分かり始めると
ちょっとつまんないというか

自分の思うようにならないけど
それの中でゴールしていけるような

出来上がらない
美しさ というか

完成がなければ
いいのにって
気持ちになります

谷尻君は
挫折することって
あるんですか?

建物をデザインしてつくったけど
全然納得できなかったとか

たとえば僕だったら
連載作品で納得できずに
単行本化してないやつとか
あるんですけど

そういう
作品って
あります?

つくってダメっていうのは
ないかもしれません

建物以上に そこに
住む人を好きになって
結局その人たちが
喜んでくれることのほうが
目的になっていくんですよね

よく「作品」って言われるけど
自分としては
そんな気分ではなくって

ぼくというフィルターを
とおしてお施主さんに
良い形で返せるような

そういう
装置として
機能したいと
ぼくは思っています

ツルモクって
不真面目に真面目だし
真面目に不真面目なとこが
いいんですよね その

コントラストがきちんと
漫画の中で語られてる
ような気がして

たとえば葬式でみんなが静かにしてるときに
誰かが屁をこいたら…
お前こんなときになに屁こいてんだって（笑）

逆にみんなが楽しんでるとき
ワイワイやってるときに
急に孤独とか疎外感とかを感じたり

そうですね
作品の中では緩急に
気をつけています

笑いを引き立てるのは涙だし
涙を引き立てるのは笑い
なんですね

たぶん**裏腹**
なんですよ

なるほど
要は水を差せないと
ダメなんですね
その状況に

「空気読めない」は残念だけど
「空気読まない」だと意思に
なるじゃないですか

空気読みすぎる人って
結局水も差せないから
何も変化を遂げられない

でもそのときに
どうあるべきか
って考えたときに

恥をしのんででも
そういうことができないと
**突破できないような
気がします**

ツルモクの主人公・正太も
この作品を描いてるときの
僕自身もそうだったけど
現状を変えたいっていう意思と

小さな一歩でもいいから
とにかく前に動き出す
っていうことが大事ですよね

それは自分の
才能とか器量とかを
測る行為なんです

でもそれを21歳の若さで
やっていたことが…

どう考えても
理解できないですよね

（笑）

若いときの
時間って
貴重です

年齢とともに
時間の体感速度は
加速しますからね

だからこそ若い人は
自分がなりたい職業や夢には
タイムリミットを
つくってほしいです

その中で
自分がやれることを
一生懸命やってほしい

どんな仕事でも
職種でもいいんで

自分が必要とされる
場所にいればその人は
100％幸せになれる

僕はそう
信じています

あきらめないって
大切ですね

はい
現実を踏まえた
努力をしてほしいです

谷尻君は
どのくらい下積みが
あったんですか？

下積みっていうか…
ぼく 最初に就職した
ところが設計事務所で

そこが予想以上に
居心地良くて（笑）

5年間いたけど
このままじゃダメだと思って
そこを辞めて独立したんです

下請けで他人の図面を
手伝いながらのらりくらりと
生きていこうぐらいの気持ちで
事務所をスタートしたけど

言ったとおりにやらずに
「もっとこうしたほうがいい」
って提案しちゃうし
期限は守らないし

どうも下請けという
ものが性に合わなくて

そんな折 友人の紹介で
洋服屋さんの店舗デザインを
依頼されたんです

それまでお店
つくったこと
なかったけど

むしろ
得意です

とか言って
引き受けちゃって（笑）

現場現場でつくり方を学んで
そうこうするうちに「なんだ こうやって
設計すれば何でもつくれるんだな」って

さっきのリミットを決める話に
近いかもしれないけど
仕事への向き合い方が
大事だなと思っています

もうやらなければ
いけないという状況に
自分を追い込んで

やりながら
現場で
覚えていくと

ええ まさに
叩き上げです

ツルモクの連載が終わって
20年経っているのに
ツイッター上で続きを描いて
ほしいという声が多いですよね

それに対して窪之内さんは
続編は絶対に描かないと
おっしゃってて
ぼくは感動したんです

今でもぼくは
最後のページを
見るだけで泣きそうに
なっちゃって

20年経って
改めて読んでも
新しい何かを
発見できるんですね

若いときにしか出せない
その瞬間の輝き

みたいなものがあって

それが
僕にとっては
「ツルモク」なんです

それを汚す行為を
作者自ら
やってはいけないと
自分に言い聞かせてます

建築でもそうですけど
見たことのない新しさではなく
ずっと残り続ける力をもつ
という新しさが「ツルモク」
にはあると思います

僕は王道って言葉が
好きなんです
性別や年齢を問わない
大衆受けするもの

そんな普遍性をもつ
漫画を描くことが
僕の理想なんです

かといって迎合する
わけではなく すごく
実験的なこともしていて

経験を積むと
方法論が確立されて
いくじゃないですか

でも ふと気がつくと
エラー（失敗）を恐れて
トライ（挑戦）をしなくなる

チャレンジしないと
自分の成長もないし
新しいものも生まれない

そういう意味で
トライ & エラー
ってとても
大切だなって

なるほど
確かに

ぼく 言葉というものに
すごい意味を感じていて
言葉をよく「解体」
するんですよ

解体？

たとえば「庭」って言葉を
聞いたら そもそも「庭」って
何だろうと考えてみるんです

庭という単純なひとくくりの概念ではなく
解体して必要な要素を抽出していくんですね

その中で「もしかしてこれが
庭を決定付けてるのかな」
ってことを試すんです

そこから何かを見つけて
もう一度「庭」を
つくってみようという感覚で

へぇ
面白いなぁ（笑）

あ それは多分
漫画のキャラクターづくりに
近いかも

まず僕はその人物像を
決めないで
キャラの絵だけ描くんです
漠然と太ったヤツとか
やせたヤツとかを

そしてその絵を何時間も
ジッと見つめながら
「こいつどんなヤツ
なんだろう？」
って考えるんです

そうすると「きっとこいつ
辛い物苦手だよな」とか
「トイレは長いな」とか（笑）

なるほど
だんだんと命が
吹き込まれていくん
ですね

徐々にキャラクターの
表情が見えてきて
その人物像が決まっていくんです

ええ 最初に
絵ありきで

スゴイなぁー
ぼくもそんなやり方で
建築つくってみたい

35

住宅をつくるときって
リビングが主役になりがち
なんですよ

お施主さんに
「30畳の豊かで自由な
リビングをつくりたい」と言われて

それでそのまま30畳の枠を
最初に図面に描いてしまうことが
ぼくにはなんだか自由なリビンング
じゃないような気がして

うん うん

それよりもまず
リビングから見える
庭について考えるとします

たとえば庭に
たくさんの緑を植える
すると
その緑を目当てに
たくさんの野鳥がやってくる

そんな美しい庭を
どういう窓から
どんな椅子に座って
どんな角度や大きさで
見たいか
って考えると

だんだんとリビングの
設計ができてくると
思うんですね

リビング以外の
ことを考えることが
リビングを考えること
なんじゃないかと

無関係な関係性って
ぼくはよく言うんですけど

設計する対象以外を
見ることで本質が
見えてくると
思うようになったんです

だからもっと
無関係なこと
やんないとなって

漫画の主役も 周囲の
ザコキャラが動いてはじめて
主役が引き立つもんね

（笑）

36

ぼく すごい好きな本に
『はじめて考えるときのように』
っていうのがあるんですね

静岡で居酒屋さんを
カフェにリノベーション
する仕事が
あったんです

そのとき
居酒屋もカフェも
実は同じ物でできてるって
ことに気づいたんですよ

本の内容も好きなんだけど
このタイトルが大好きで
どうやったら「はじめて考えられるか」
を考えてみたんです

そうすると
「あ もしかして名前が
すべて支配してるんだな」
っていうふうに気づいて

名前が?

テーブルも椅子も
カウンターも照明も
よく見るとしつらえが
違うだけで置いてある物は
基本的に一緒だと

たまたま「あなたは居酒屋の
カウンターですよ」って名前が
ついてるだけで カフェという
名前をつけてあげれば
カフェのカウンターになる

そうすれば
もっと機能が
広がるんじゃないかと

世の中結構
名前で支配されている
なって思いました

つくづく漫画家の
発想だなぁ(笑)

日常をひっくり返す
というのは 僕自身
いつもやってることなんで

お互いひねくれ者
なんですね(笑)

37

これからのチャレンジ

これから窪之内さんは
漫画家として何か
大きなチャレンジって
あります?

最近の漫画の傾向として
とても閉鎖的で絶望を
うたったものが多いような
気がしています

画一的なものが増えて
作家性も希薄になりつつある

僕は本来 漫画って
もっと希望を与えるもの
だと思ってます

それを踏まえた
うえで

「この漫画
窪之内 英策にしか
描けないよね 」って
言われるような作品を
残したいです

ぼくは
新しい建築家像を
つくりたいですね

建築家特有の
閉ざされた言語ではなく
子どもでも分かるような
言葉で伝えたい

そうしないと
建築家になりたい人も
建築家に頼みたい
という人も増えない

建築を変える
こと以前に

建築家像を
変える
ことが大切
なんじゃないかと

それがぼくの
チャレンジです

勘違いの建築

勘違いの建築

26歳のとき、なんの保証も後ろ盾もなく独立しました。独立といえば聞こえ
はよいのですが、当時は大きな会社の図面を描く下請け業務をしていまし
た。下請け仕事をしながらのんびり生きていこうなんて、甘い考えで毎日を
過ごしていたのです。下請けには、言われたとおりの図面を期限内に仕上
げることが求められます。ぼくも、最初のうちはお利口にこなしていました。
ところがやっぱり出てしまったんですね、ぼくという自我が…。あるときを
境に、頼まれてもいないのに、「もっとこうしたほうが良くなるんじゃないか」
「ここはこうしたほうが絶対いい」などと提案し始めてしまったのです。あげ
く、締め切りも守れなくなり、やがてとうとう仕事の依頼が来なくなってし
まいました。実社会の「長い物」に自分を合わせられなかった、ほろ苦い思
い出です。ただ、今のぼくは、それで良かったんだと胸を張って言えます。

頼まれたことを言われたとおりにやることは、マナーとしてもちろん大切です。しかし相手に喜んでもらうためには、もっと良くなるように全力で提案することも大切じゃないかと思うんです。さらに、より良い提案をするために必要ならば、慣例やしきたりのようなものにあえて従わないほうがいい場合も、ときとしてあるのではないでしょうか（それが有効になる場合に限り、ですが）。空気が「読めない」のは残念なことですが、「読まない」っていうのは自分の意志です。これまでにさまざまな失敗を経たことで、ルールを破るのではなく、ルールを少しずつ少しずつ溶かしていくようなアプローチで、自分なりの提案ができるようになってきました。決して自分の気持ちに嘘をつくことなく、そのときそのときの「本気」を込めた提案で相手に喜んでもらえるよう、建築の仕事を続けていきたいと強く思うのでした。

01 仕切っているのに仕切っていない

住宅の依頼をいただいたお施主さんのお宅にお邪魔すると、その中にほとんど使われていない「仲間はずれの部屋」があったりします。建物の中の空間は、通常、部屋ごとに壁や扉で仕切ってつくられているので、人がいないときは部屋が仲間はずれになってしまうんです。ならば、仲間はずれをつくらないように、壁や扉を使わずに仕切る方法を考えてみます。街の中には、壁や扉のような仕切りがないのに仕切られているように感じられる場所があります。たとえば神社の鳥居。鳥居をくぐっても、くぐる前に比べて景色ががらりと変わるようなことはありません。それなのに、神聖な場所に足を踏み入れた感覚になりますよね。鳥居自体はいたってシンプルな構造で、壁や扉のように物理的に空間を遮断しているわけではないのに、仕切りとして立派に機能しています。

また子どもの頃、地面に枝の端切れで線を引いて、「ここが台所」なんて言いながらままごとをした経験や、「ここは牢屋」って言われて、その囲いの中にじっとしていた経験が、みなさんにもあるのではないでしょうか。あれも、線だけで仕切りを意識できた好例ですよね。このような考え方で建物を設計してみたら、仲間はずれの部屋のない建物ができるかもしれませんね。建築をつくっていくうえで、空間を仕切るということについて、もっともっと考えてみたいものです。

02　面積ではなく体験という広さ

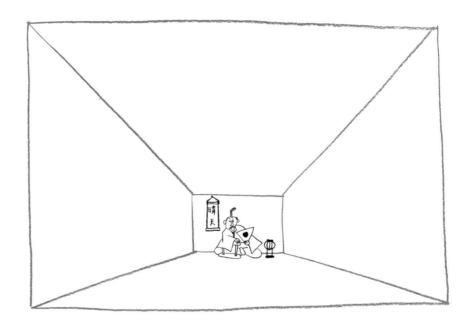

あるとき、間口3.5メートル、奥行き25メートルという、細長くて狭い敷地の住宅設計を依頼されました。少年時代にぼくが住んでいた家もそうでしたが、細長いとなんだか狭く感じるんです。だけども、たとえ小さな敷地でも、お施主さんは広い空間が欲しいと考えるものです。その希望に応えるため、狭い敷地を広く感じるにはどうすればよいのか、考えました。その結果、たどり着いたのが細長い敷地を8等分にする案。1つの細長い敷地が8つの部屋となり、1つめの部屋、2つめの部屋、さらに3つめの部屋へと奥に進んでいくわけです。たくさんの部屋を通過して体験する

うちに、いつの間にか大きな空間の中にいるような感覚になっていることに気づきます。敷地という1つのものを、たくさんの体験に置き換えたことで、狭さが広さに変換されたのです。時代劇コントでもありましたよね、襖を開けても開けても殿様のいる部屋までたどり着けず、「殿〜、殿〜、殿〜」と叫びながら奥へ奥へと進んでいくシーンが。あのような体験が、広さを感じさせるきっかけになるんだと思います。「狭いと感じるのはなぜなんだろう?」「広いと感じるのはどうして?」そんな素朴な問いの先に、新しい解釈の「狭さ」や「広さ」がまだまだあるはずとぼくは信じています。

住宅を建てるときに最も多い要望は、「広いリビングが欲しい」というものです。一方、「広い廊下が欲しい」なんて要望は今まで聞いたことがありません。住宅にとっては廊下も大切な場所なのに、どうしてなんだろうと、ある日考えてみました。すると、廊下は住宅の中では比較的狭くて暗く、移動するときにしか使われない「通過点」であることに気づきました。家をつくるときは、くつろぐためのリビングに始まり、ご飯をつくるためのキッチン、食事をするためのダイニング、眠るための寝室、子どものための子ども部屋、入浴のための浴室、というように構成されていきます。これらの場所は、「○○のための」とそれぞれの機能が

あるから大切にされているのかもしれませんね。それならば、廊下にも機能を与えようと考えました。でも、狭い場所には機能が生まれにくいんです…。そこで、廊下を少しずつ拡げてみることにしました。廊下の幅が徐々に拡がっていくと、まだ廊下、まだ廊下、まだ廊下、まだ廊下…「んっ、あれ？ これって部屋かな」っていう、廊下が部屋になる瞬間がやってきます。それによって、「部屋→通路→部屋」だった関係が「部屋→部屋→部屋」の関係になっていくのです。住宅の中すべてが部屋になれば、廊下でご飯を食べることも、勉強することも、眠ることもできる。廊下が部屋になる瞬間、階段が椅子になる瞬間、いろいろあると思いますが、大きさによって変わるモノの価値、そんなことにぼくはとても興味があります。

03　廊下が廊下でなくなる瞬間

04 テーブルがテーブルでなくなる瞬間

廊下と同様にテーブルも大きくしてみると… 家具だったテーブルの天板が、気がつくと屋根になっているかもしれません。みなさん、地震が来てテーブルの下にもぐり込んだ経験はありませんか？ そのときテーブルは、まるで屋根のような役目をしていたはずです。こう考えてみると、ぼくらはすでにテーブルを建築として認識し、実際に使用しているのではないでしょうか。

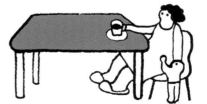

05 透明という存在

06 子どもは発見上手

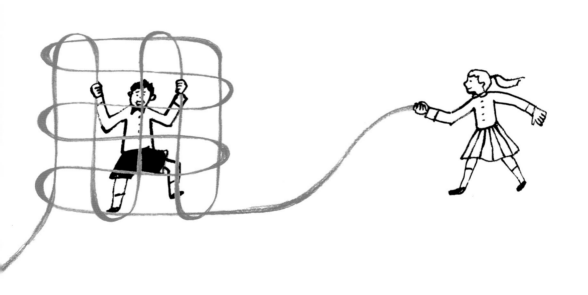

みなさんは幼い頃、どんな場所で遊びましたか？うちの実家の近くには公園がありました。でもぼくは公園よりも、道ばたや路地、神社や河原で遊ぶのが好きでした。今考えてみると、これは当然なことだなって思います。なぜなら公園は「ここで遊びなさい」という与えられた場所です。さらには、ブランコで揺られ、すべり台をすべり、ジャングルジムを上ったり下りたりというふうに、遊び方までもが用意されています。一方、道ばたや路地、神社や河原では、どこで遊ぶか、またどうやって遊ぶか、すべてを自分で考え、迷い、選んで決めなければなりません。だからそこには発見があり、想像力が育まれたのです。公園で遊ぶこともありましたが、すべり台やブランコは本来とは違う使い方を開拓して、「新しい遊び方を見つけた！」と心を踊らせていた記憶があります（ぼくが根っからの天邪鬼ということもありますが）。もしかすると、使い方の決まっていないごく普通の部屋や場所こそ、発見の喜びや新しい楽しさがいくらでも埋まっている「前人未到の宝島」なのかもしれませんね。

『釣りキチ三平』を自称していたぼくは、中学生の頃まで、帰宅後は釣竿を持って、近くの川に釣りに出かけていました。夕飯の時間になると母が土手の上からぼくを呼び、ぼくは釣竿を川にたらしたまま家に帰って、また戻るということをくり返していました。

さて、そこには魚や虫、春の草の匂いや川の音、暗い白の月や星が空を舞い、そして夜風は、肌にふれて、釣竿をたらして、じっと夜が来るのを待っていました。夜になるとあたりには外灯なんてないので、視覚以外の感覚が研ぎすまされたことを今でも覚えています。

それにもちろん釣りの餌の臭いもあって、視覚以外の感覚が研ぎすまされたことを今でも覚えています。

釣竿の先に鈴をつけ、ただ静かに川の中で起きていることを想像しながら、魚が喰い付くのを待ち続けた経験は、

07 暗闇で釣りをする

今になって、「物事を見る」こと、そして、自分と向き合うという「見ること」が

役立っているように思います。「見る」こと／「見る」ことは、目に見えること／

当たり前のことかもしれませんが、

08 主張するために主張させない

　ぼくはあまりにもテレビを見ないので、世の中の出来事をかなり遅れて知るほうです。そんなわけでテレビCMなんかも、放映開始からずいぶん遅れて目にすることがあります。あるとき、たまたまテレビを見る機会があり、矢沢永吉さんがビールのCMに出ていました。その画面はビールだけがカラーで、それ以外はすべてモノクロで表現されていました。いつもなら存在感あふれる矢沢さんが、良い意味で脇役になっている、とても印象的なCMでした。色である世の中で、モノクロにすることで主張をあふれた世の中で、モノクロにすることで主張を消し、ビールだけを際立たせているのを見て、周りの主張を消すことで主張したいものが際立つんだなーって、感心しました。建築をつくるうえでも、同じです。主張するために主張しない、そんな精神で空間を——たとえば店舗をつくったとしたら、商品やお客さまだけが主役になれる、そんなお店をつくることができるんじゃないかって思ったのでした。モノクロの風景、想像するだけでなんだかワクワクしてきます。

09 階段のない家

狭小住宅のプランを考えていたときのことです。

敷地の大小にかかわらず、同じような部屋や階段や廊下をつくっている自分に気づき、違和感を抱いたことがありました。

これらの要素はどの家にもあるものです。にもかかわらず、階段に必要とされるスペースは、大きな家でも小さな家でもほとんど変わらないのです。これでは小さな家では、床面積の多くを階段が占める、なんてことにもなりかねません。そこで、小さな家にふさわしい階段とはどういうものか考えてみました。たどり着いたのは階段のための空間を必要としない家。つまり、玄関の扉を開けると、1段目はエントランス、2段目はリビング、3段目はダイニング、4段目はキッチン、5段目は浴室、6段目は子ども部屋、7段目は寝室、8段目はクローゼット、9段目は書斎、10段目はテラス、といった感じに1段1段が部屋の機能を分担する階段部屋の家でした。そして、たとえば玄関では靴箱が、キッチンではワイン箱が、リビングでは重ねた本が、それぞれ階段の一部になるようなイメージです。これは、狭い敷地で少しでも広い部屋が欲しいと願うお施主さんへの1つの解答ともいえます。

また、スペースを節約すると同時に、家全体が階段の機能をもつ新しい提案でもあります。それぞれの条件に合わせて部屋や階段などを考えていくのは普通のことですよね。それぞれの機能に当てはめて考えるのも悪くはないけれど、できることなら新しい方法論をつくるくらいの意識で建築に向き合いたい。ぼくは日々、そんなふうに考えています。

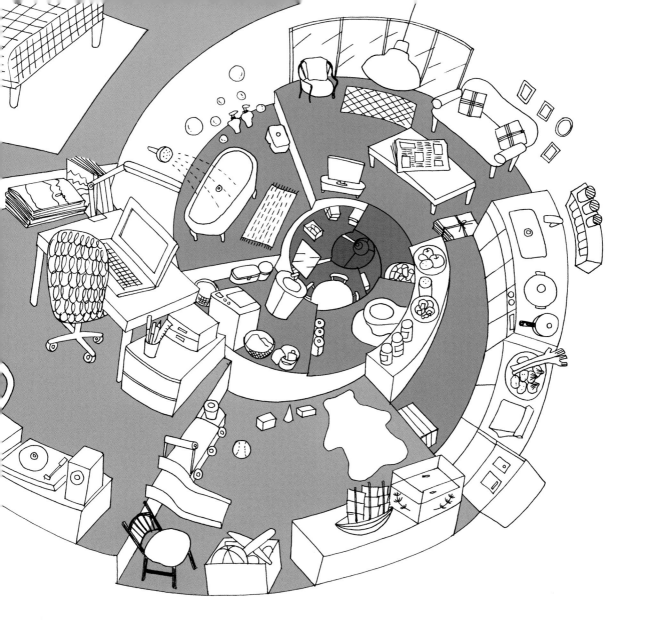

10 自然ははかりしれない

「とにかく広い部屋が欲しい!」掃除が大変なことも冷暖房が効くまで時間がかかることも承知
のうえで、誰もが一度はそんな思いを抱いたことがあることでしょう。普通に考えると、広い空
間というのは面積の大小で判断されがちです。10畳より20畳、20畳より30畳のほうが広いの
は間違いないことです。でも、広さは面積の大小だけで決まるのでしょうか? たとえばぼくたち
が外にいるとき、面積の大きさについて考えることは少ないですよね。多くの人は海も山も空も、
何㎡あるかなんて考えません。それでも、「海は広いな、大きいなー♪」と歌にあるように、誰もが
その大きさを実感しています。では、なぜ海は広くて大きいのでしょうか? それについて考えた

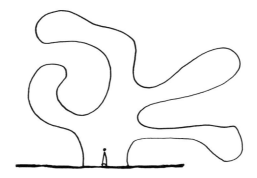

ぼくは、1つの答えを見つけることができました。それは、「自然にはものさしで測ることのでき
る大きさ、つまりスケールはない」ということです。建物をつくると面積などの数値的な大きさが
決まってしまいますが、もし、大きさの分からない建物ができたら、海や山や空のように、無意
識に感じる広さみたいなものにたどり着けるのでは、と考えたのです。どこまでも続くようなリビ
ング…そこではきっとぼくらは「広さ」なんて気にもしなくなることでしょう。洞窟の奥がほのか
に明るいと、その奥に新たな空間があるのではという予感が生まれるように、空間に「向こう側
への予感」をつくり出すことで、きっと「新しい広さ」にたどり着けるに違いない、と考えました。

11　自然にスケールをあたえる

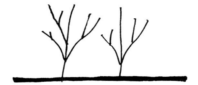

建築は、敷地や周辺環境といった自然との関わりを常に考えることで成立します。よく「開放感のある空間」という表現が使われますが、設計上、窓を大きく開け、建築と自然のつながりを強調することで開放感を生み出すことも少なくありません。これ、言い換えると「建築の内側（内部）が外側（外部）に近寄っていく状態」と見ることができます。ではさらに、この状態を、

"内部が外部に恋こがれた片想いの状態"にたとえたら、外部から内部へも言い寄らせることで、"両想いの状態"ができるのではないでしょうか? 建築の工夫で外部にスケールを与え、定規では測れない自然を囲い込むこと。それにより外部が内部のように感じられるなら、今までよりももっと、内部と外部の親密な関係が築けるんじゃないか、と思うのです。

12

ボロかっこいい

長い間、履き続けられた

時間の経過が現れているジーンズが、ぼくは大好きです。

自然にできた色落ちや穴などのダメージには、

新品では絶対に表現できない

一品ものとしての力強さや美しさがあります。

そんなジーンズに新しくてきれいなシャツを組み合わせると

古いものと新しいものがそれぐの良さを引き立て、

着ている人の個性を際立たせることにもつながります。

建築も同様に古い建物や荒々しい空間に、

シャツのような新しさを足すことで、

ジーンズとシャツの関係のような、その場所でしか実現できない

そんな美しさがつくれるといいなと日々考えています!!

85

13 音で見る

暗闇の中にいると

部屋の大きさが分かりません。

でも、耳を使えば、

音で人との距離も分かるし、

部屋の広さだって、

分かるんですね。

足音が

コツコツ

という空間よりは、

コツ——————ン

コツ —————--ン

コツ ——————————— ン

コ ツ ——————‐‐‐ン

って響き渡る暗闇のほうが、

もっと広く感じられます。

日頃、目に見えるもので

広さや大きさをぼくらは感じていますが、

実は知らないうちに

音でも空間の広さを感じているんですね。

音で空間を見る、

とでもいうのでしょうか。

意識すると、街や公園、レストラン、

もっといろんな場所で、

いろんな音の空間が拡がっている、

そんな気がしてきました。

14　無関係な関係性

設計をやっていると、お施主さんが右利きなのか左利きなのか、使い勝手を決めるうえで
もたいへん気になります。先日、外科医の先生にとても面白い話を聞きました。その先生は
右利きなのですが、最近は内視鏡の手術が主流なので、両手とも十分に使えないとうまく
手術ができない。そこで、普段の生活では左手で箸を使ったりして練習をしてきたそうです。
ただ、「左手で箸を使って食べる料理の味が、右手で食べるときと同じになるまで、およそ2
年かかった」と先生はおっしゃいました。右利きの人が左手の練習をすると、意識が左手に
集中してしまいますよね。その分、右手はおろそかになるわけです。ところが、普段右手を
使って食べているときって、実は左手がうまく右手をガイドしているんです。つまり、「右手の
ための左手のあり方」があるから、右手でうまく食べられる。なのに、左手を練習するとき、
誰も右手の練習はやらないんです。本当は、左手をガイドする右手の使い方を会得しては
じめて、両方同じような感覚と使い方が成立し、右でも左でも同じ味を楽しめるところに到
達したりするわけですね。先生の話を聞いて、ぼくが普段、建築で考えていることとつな
がりました。窪之内さんとの対談（33頁）でも話しましたが、リビングをつくるために庭に
ついて考え、庭をつくるために隣の敷地について考える。そのことの大切さと、これは同じ
だ、と。ある事柄にとって本質的でとても大切なことって、無関係のような顔を装いながら、
実はそのすぐそばにあるんですね。だからこそぼくは、建築を考えるために建築以外のこ
とにも、もっともっと関わっていこうって思うようになりました。建築のそばにある無関係な
関係性が、建築をもっと豊かにしていく…、そんな関係性にぼくはいま興味津々なのです。

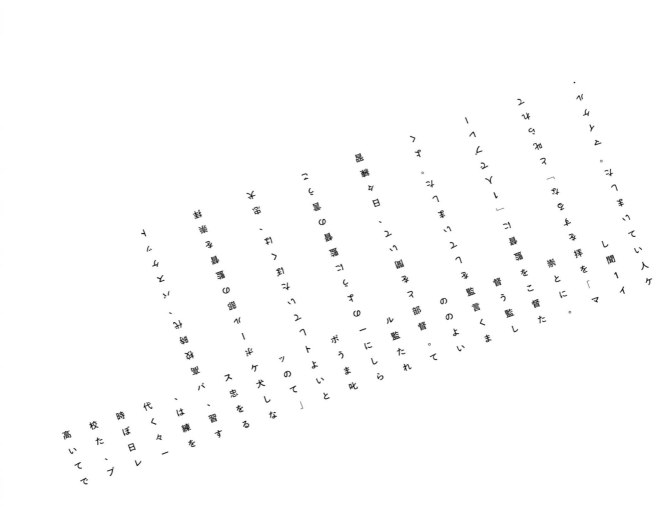

・ケインさんていています。

聞いて。「マ

イン・・・」に崇拝される

さんをこ監督た

監督うまく

のよい

言っていると監督の

・・・のて

部下にしっかり叱られ

ボールを1日9時間打つという

「練習のハードさは半端なく

忠実をこなす

バスケ犬しい

練習を習す

選手のバランス、

代々、区別せず選手を

時ぼレ、プ

校た、高いで

15　ひとりプレーしない

そうやって走ってくる相手にボールでくずして、プレー間のスペースを突いて、個人技で相手を個別に倒していくドリブルで、圧倒的に破れるようにパスを突いて、ダッシュをあかして誰をスペースは、ポジション、ジェスチャーも個人で相手を個別に、ルールにしたがってチームに、フォーメーションのなかで。

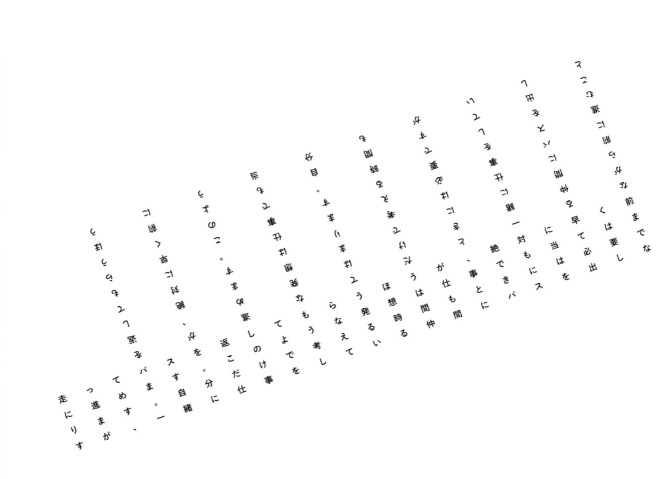

ことは当たり前のようにスパパにも早く必要として、一対一で仕事をして、絶対にできない間、仲間が仕事も時間もほぼ理想、発るい報告も目、ます。らなえて考えもうしだけ仕事を返す。自分が家しのけ事をもう考して、目を家事をもうけ、たてます。返すに自分、一緒パまで、スを、ます。分一、パまてつ進がめす、て走りにりす

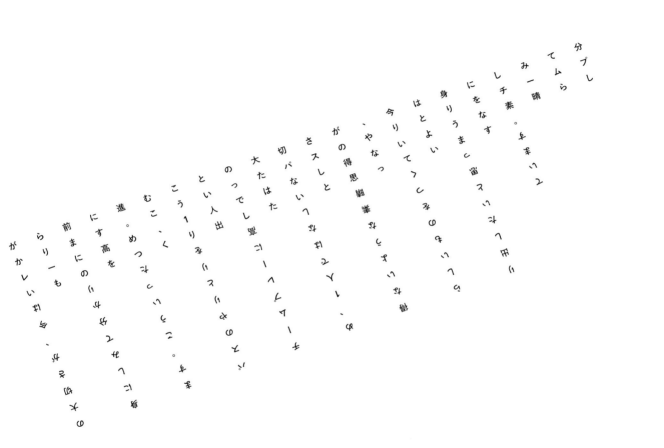

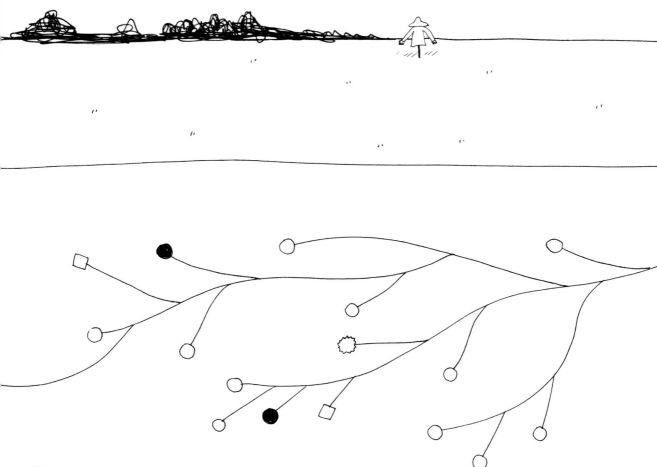

仕事には、頼まれる仕事と頼む仕事があります。たとえばコピーを頼まれたとします。言われたとおりコ
ピーをとって渡すだけの人と、コピーをとる前に用紙サイズや枚数を確認したり、ほかに必要な作業は
ないか尋ねたりする人がいたとしたら、きっと後者のほうが、次にまた仕事を頼まれると思うんです。仕
事とはそうやって、頼まれる状況をつくっていくことなんだと思います。もちろん逆に、頼み方だって大事
です。コピーだけを頼む人と、なぜ必要か、それがどんなふうに使われるのかを説明する人とでは、後
者から頼まれるほうが、頼まれる側のモチベーションも違ってくるはずですね。そんな些細なやりとりの
なかにも、大きなコミュニケーションがあるとぼくは思うんです。伝え方と、人の気持ち、そこにはとても
密接な関係があります。コミュニケーションって、そんな小さなところからもう始まっているんですよね。

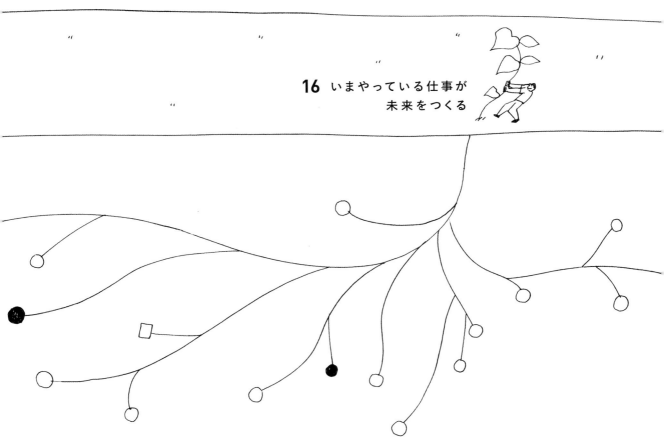

16 いまやっている仕事が
　　　未来をつくる

ぼくはファッションが大好きです。若い頃から、手元のお金はすべて洋服や靴につぎ込んでしまっていたくらいです。洋服と建築ではジャンルが異なりますが、洋服から学んだことを建築で活かせることがあるんです。建築がぼくたちの生活を包み込んでくれることに似ていて、服も、人間の身体を包み込む一種の"建築"なのだといえそうです。もしも服と同じように、小さくたためる布のような素材で建築をつくれれば、建築現場で大工さんがトンカンすることもなくなり、廃棄物が出るという問題まで解決できるかもしれませんね。

17 洋服のような建築

断熱性能の低い古い建物には
冬になれば服を着せてあげて寒さをしのぎ、

夏には薄着になれるような…

建築のための服があれば、古い建物の性能を補完することだってできるんじゃないかと思います。布の技術と建築の技術がそんなふうに手をつなぐことで、建築とファッションが融合する世界、建物と服が互いを高め合っていくような世界を、ぼくは今日も想像しています。

18 名前をとる

目にするすべてが新鮮に映った子どもの頃は、すべてに対して「なぜ?」と疑問をもっていたように思います。「なんで太陽っていうの?」「なんでお月様はまるいの?」。何かにつけては「なんで? なんで?」と聞き続けていました。好奇心のかたまりでした。ところが大人になって、「常識」という物差しを身に付けると、当たり前とされていることに、いちいち疑問をもたなくなりました。たとえば「椅子をつくり

なさい」と言われると、4本の脚があって座る座面があって背もたれがある…、そんな椅子をつくってしまうようになりがちです。けれどどうでしょう、「椅子ってなーに?」ってな感じで、「椅子」という名前を一度忘れてしまって、椅子の定義から考えてみるわけです。まず、椅子は座るためのものです。ならば、床と座るところの間にある段差に腰を下ろせば、4本の脚などなくてもそこは「椅子」になるわけです。

名前をとると、使い方だって多様化していきます。たとえば「コップ」。「コップ」というものの名前を
一度頭から追い出したうえでそのものを見つめてみると、飲み物を飲むための道具だったものが、
「あれっ、もしかするとこれで金魚が飼えそうだな〜」とか、「お花を生けて花瓶として使おうかな」とか、

「鉛筆立てにしよう」「餃子の皮を丸く切り抜くための道具にしちゃえ」といった具合に、さまざまな可能性が広がるのです。こうやって名前がないものに向き合うこと、そんな子どものような視点こそが、新しいデザインを考えるうえでとても大切だと思います。

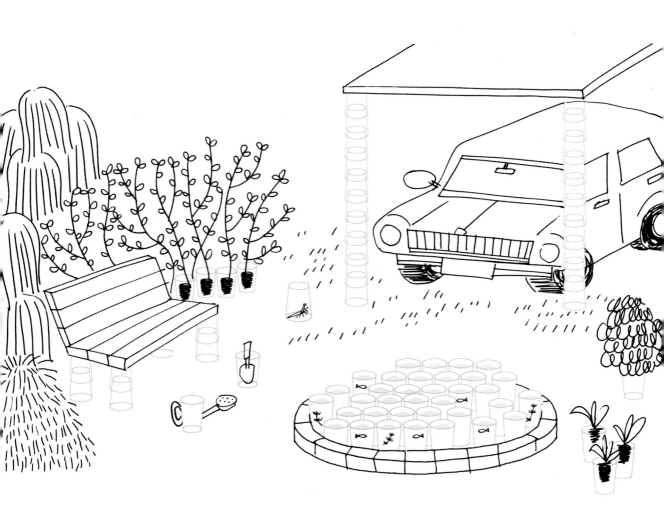

19 名前をつける

先ほどは名前を取り除こうというお話でしたが、今度は逆に「名前をつける」ことについて考えてみます。以前手がけた住宅で、建物はでき上がったのにポストがまだ届かなかったことがありました。届くまでにはまだまだ時間がかかってしまうという状況で、ぼくはとりあえず、有り物でポストをつくったのです。段ボール箱とペンを用意して、箱に「POST」って名前を書きました。それを玄関に置いたら、

そこに郵便物が入り始めたんです。
「名前をつける」というデザインを施
すことで、ポストが誕生したのでした。
このように、すでに名づけられたも
のに別の名前をつけてあげることで、
そのものに新しい機能を見出せれ
ば、デザインの可能性を少しでも広
げられるんじゃないかと思っています。

20 未 完 成 の 建 築

当たり前のことですが、一度つくり始めた建物は、工事が終わった時点で完成となります。そして完成した建物は、日を追うごとに少しずつ老いていきます。一方、庭に目を向けると、時間が経つと植えられている木の葉っぱが落ちたり、新しい草や花が生まれたりします。その景色には2つと同じものがありません。このように、自然のものは、うつろいながらも、そのときどきの美しさを見せてくれます。自然と同じように、経年変化をしながらも、そこに美が宿るような建物になれば、いつまでも人々に愛されるんじゃないか、と考えてみたりします。いってみればそれは、建物が未完成であり続けること。そんな建物のかたちに、ぼくはとても惹かれるのです。

これからの勘違い

こ れ か ら の 勘 違 い

今のぼくは四六時中、寝ても覚めても建築のことを考えてばかり。全力、いや「全身建築家」です。食事や音楽、アート、ファッション、本など、あらゆる事物からの刺激に触れて、まずは自分の中でそれらを建築に置き換えて考えます。たとえばレストランで食事をするとき、料理が盛りつけられたお皿を見て「お皿が敷地。肉や野菜が建築」と見立て、なぜそれが綺麗に見えるのかを考えます。こんな話をアパレルメーカー「BEAMS」の青野賢一さんにしたら、「谷尻くんがしていることは翻訳だね」と言われ、ぼくはハッとしました。それ以降、勝手ながらこの言葉を自分の言葉のように使っています。青野さんごめんなさい。これからは「©青野」と表示します（笑）。翻訳とは「見聞きしたものを自分の問題として引き受け、自分なりに解釈し、自分の言葉でアウトプットすること」です。ぼくにとっての「自分の問題」は建築です。いろいろな人から見聞きすることを「建築の問題」としてとらえて翻訳します。そうすれば、一見自分とはかかわりがないように思えていたことが、とても身近に感じられ、場合によってはあたかも自分自身のことであるかのような錯覚が生まれるのです。かねてからそんな"翻訳癖"をより多くの人と分かち合いたいと思い、その方法について考えていました。
2011年4月、ぼくは広島市の川沿いの事務所に未練を残しながらも引越しをすることになりました。川沿いという絶好のロケーションにこだわっていたばかりに、15坪（30畳）にスタッフ15人という過酷な環境になっていたので、意を決して74坪（148畳）のところへ移ったのです。その広い空間を自分たちが所有する意味を考えたとき、「翻訳」という行為をたくさんの人と分かち合う方法をひらめいたんですね。そこは37坪のフロアが2階と3階に分かれていて、両方を事務所にすることもできたのですが、2階をオフィスとし、3階は「名前のない空間」として使用することにしたんです。もともと

住居として使われていたところから壁や扉を取り除いた、空っぽの空間でした。「空間をつくることなく空間をつくる」ということをコンセプトに、さまざまな分野で活躍するゲストを毎月「名前のない空間」に招き、「THINK」というイベントを開催することにしました。空間には、イベントのたびに名前をつけていきます。なにもない空間にアート作品が展示されると、そこは「ギャラリー」になり、アーティストが来て歌を歌えば「ライブハウス」に、シェフを招いてみんなで食事をすると「レストラン」に…。そう、「名前のない空間」は変幻自在なのです。建築をつくるとき、通常は先に空間に名前をつけ、そこでの行為を限定していきます。「THINK」では逆に、そこでの行為が空間に名前をつけていく、そんな実験をしながら、ゲストの言葉をみんなで翻訳し、共有していくことにしたんです。同じ話を聞いても、人によって翻訳する言葉や形はきっと違うはずです。そういった多様な価値観を知ることに、とても大きな意味があるとぼくは思うんです。建築以外のことから建築の魅力を見つけ、建築の思考がほかのジャンルへ良い影響を与えられるような、そんな場所を目指しています。建築がさまざまなジャンルにクロスオーバーしていくことで、普段は建築の世界に縁遠い人たちに、少しでもそのおもしろさを届けていきたい。建築と社会とのかかわりをより深め、建築がより身近なものに感じられるようなきっかけをつくっていきたい。今ぼくは、それが自分の使命だとさえ感じています。建築はぼくに多くのことを教えてくれました。きっとこれからも多くのことを学ぶでしょう。だからこそぼくは、これから先、「翻訳」という行為をとおして、いろいろな素敵な出来事をいろいろな人たちと分かち合いたい。それがすぐに社会を変えるほどの力はもち得ないし、世の中がみるみる豊かになったりはしないかもしれません。それでもぼくは、建築の力を信じてやまないのです。

勘違いのはなし
KENICHI AONO × MAKOTO TANIJIRI

Translation【翻訳】—— この言葉をいただいたのは、青野賢一さん（BEAMS クリエイティブディレクター／BEAMS RECORDS ディレクター）からだった。音楽ということを建築で考えてみる。ファッションということを建築で考えてみる。日々、そんなことを考えていると話したとき、青野さんは、「谷尻くんのその行為は翻訳だね」と話してくれました。これほどまでにしっくりくる言葉があったことに驚き、そしてとても感動したことをいまでも覚えています。そんな言葉のセレクトに迷いのない青野さんの思考について、それ以降興味をもったのは言うまでもありません。そこで青野さんをお招きして、対談のお時間をいただきました。

青野　谷尻くん、「地球空洞説」って知ってる？

谷尻　いきなりなんですか!?

青野　地球は、核があって、マントル（核の外側層）があって、地表があるというのが一般的に正しいと言われている姿。だけどもこの説が一般化される前に想像力豊かな人たちがいろんな説を唱えていて。「地球空洞説」もその1つ。これは地球の中ががらんどうで、北極と南極を結ぶ穴があって、そこは空洞になっている。さらに穴の中に入っていくと、パラレルワールドのごとく人が住んでいる…というものです。普通に考えて内側にいる人たちは重力があるから落っこちてしまうんだけど、なぜこの説が成立するかというと「地球は遠心力に支配されている」からだと。遠心力が働いている証拠として、空気上には軽い物質が、地面には鉱物や石といった重い物質が存在すると唱えているんだよね。

谷尻　おもしろい！ なんかありそうですよね。

青野　この説を立証しようと「南極まで行くお金を出してほしい」とアメリカ政府にかけあったり、講演をしてその資金を調達したりした人もいたみたいで。ちょうどこの説に触れているドイツ文学者の種村季弘さんの本を読みなおしていたこともあり、この本のタイトルにある "勘違い" っていう言葉を聞いて、「地球空洞説」が浮かんだ。この説は、人類の大いなる勘違いを示す象徴的なエピソードだと思うんだよね。

青野賢一　AONO Kenichi
BEAMS クリエイティブディレクター／BEAMS RECORDS ディレクター。
セレクトショップ『BEAMS』のクリエイティブディレクターとして、ファッション、音楽、アート、文学などを繋ぐ活動をおこなう。2010年には初の著作集『迷宮行き』(天然文庫／BCCKS) を発表。雑誌『OCEANS』、『ROCKS』、文芸誌『IN THE CITY』にてコラムを連載中。また山崎真央 (gm projects)、鶴谷聡平 (NEWPORT) との選曲ユニット「真っ青」としても活動し、「SPECTACLE in the Farm 2010」「港のスペクタクル」(2011) などにも出演した。

谷尻　そうなんですね! ぼくがなぜ勘違いというキーワードをこの本の書名に盛り込んだかというと、思い込み＝勘違いが、ときにポジティブな思考法になるということを伝えたかったんです。自分が「できる」と思えることって、自分は信じているといえど、世の中から外れていて「アイツ、できないのに何勘違いしてやってるんだろう」と置き換えられてしまうこともある。ところが自分の知識や経験値が豊富になると、「できる」という幅が広がると同時に、トライできる領域が狭くなっているように感じて。振り返ってみると子どものころは勘違いしたり、思い込んだり、それでたくさんの失敗ができた。

青野　トライ＆エラーだよね。

谷尻　それが大人になるにつれてトライしない分、エラーもしなくなって。

青野　大人になればイヤな賢さが身につくからね。

谷尻　それってマズイと思うんですよ。昔のようにトライして向き合ってみないとダメじゃないかと思っていて。やっぱり新しいモノを生み出すのって「勘違い」が大きく働くと思うんですよ。ただ、それを才能と呼ぶのはちょっとちがう気がしていて。「勘違い」と言っているほうが社会と握手できるように思えるんですよね。みんながかつて感じていたこと＝「勘違い」をもう一度思い出してほしくて書名に入れたんです。

青野　今の説明を聞くと「勘違い」に共感する人は多いと思うな。それと「できる

勘違いのはなし
KENICHI AONO × MAKOTO TANIJIRI

こと」「できないこと」を分けなくても、「とりあえずやってみる」という気持ちが大切だと思うんだよね。

谷尻　ぼくは勘違いで建築家になって、あるときから「できるかも」と思えたから、いろんなことができるようになった。今思えば恥ずかしいこともたくさんしてきているわけです（笑）。ルールも知らないから大胆な行動をしてしまったり。そもそも青野さんに出会ったのもtwitterがきっかけでしたよね。青野さんのつぶやきに共感することがあって、それをぼくがリツイートしたら共通の知人が「谷尻くん、青野さんと知り合いなの?」ってなって。じゃあ3人でご飯食べに行こうと……。

青野　今の時代っぽいエピソードだね（笑）。谷尻くんは、自分は運がいいほうだと思う?

谷尻　メチャクチャいいですよ、ぼく。

青野　僕も。そこがまた勘違いかもね（笑）。それに根拠のない前向きさがあるから、「だいたいなんとかなる」っていつも思う。

谷尻　それがあるからいろんなものが引き寄せられるんですよ。「ぼくはこれをつくる、これをつくる」と強く思っていると、本当につくる機会に恵まれることがある。自己洗脳のようですが（笑）。こうして引きが強くなっていると思います。

青野　僕の場合は「原稿を書かなきゃ」という状況のときに、いざ原稿に向かうとダメで（笑）。ボケ〜としたときに言葉が降りてくる。アイデアも同じく。

谷尻　青野さんはこれまで連載をされていたり、著書（『迷宮行き』天然文庫／BCCKS）を出されていますが、昔から文章が書けたんですか?

青野　いや別に誰に習ったわけでもなく、好きでも嫌いでもなかったんだよね。

「ライナーノーツ書いてください」「連載お願いします」と書く機会をあたえてくださっていまにいたる感じです。谷尻くんが建築で余白を大切にしているように、僕も文章を書くときはおなじように心がけているな。読んでくださる方には、休んでほしいところは休んでほしいし。言葉は意識にかかわってくるから、接続詞1つにしても人に与える影響は大きいので……読む方の"映像"に反応するからね。だから細かいニュアンスにもこだわるし、気をつけています。たとえば「これでいい」というのではなく「これがいい」と言ったり。

谷尻 それ、わかります！ ぼくもスタッフが「これでいい」と言った時点でその案はすぐに却下します。「これがいい」でないと伝わらないから。

青野 さすが（笑）。レストランで注文するときも気をつけるよね。料理をつくってくれる人のことを考えてたら、「これでいい」では悪いよ。妥協しているみたいで。「これが食べたい」という能動的な姿勢のほうが料理のおいしさもちがうし。

谷尻 本当、そのとおりです！

青野 谷尻くんとはジャンルはちがえど、言葉のニュアンスをくみ取ってくれたり、共感するところがあるから。だからこそ会話のキャッチボールが心地いいんだよね。僕は建築にかんしては門外漢だけど、今日も文字どおり"建設的"なお話ができました（笑）。

谷尻 ありがとうございました！

本項はWeb Magazine OPENERS 内の連載「Another Architecture」において、2011年10月27日に掲載された「展覧会『Relation』記念 谷尻誠×青野賢一 対談」の一部を抜粋し、改変したものです。
協力：NANAYOU LIMITED Media Division | openers.jp

未完成の対談から
ITOI SHIGESATO ×MAKOTO TANIJIRI

2012年にこの本をつくったが、糸井さんとの対談が実現しないとわかった時、このページはなくなってしまいそうだった。でも、対談を実現することよりも、この思いを大切にしたいという気持ちが強かったから、そのまま残すことにした。出版後、1カ月くらい経過したころに、人づてに糸井さんの手元にこの本が届き、糸井さんに会うことができた。それから8年、対談は実現した。ここまで来ると思いを超えて、呪いのようだけど（笑）、そこまで思い込めるかどうかが未来を変えていくのではないだろうか。諦めることはいつでもできる。だからこそ思い続けるという気持ちが大切なのだと、8年経過した今もその気持ちは変わらない。

便利とか機能って豊か？

糸井　谷尻さん、言葉がうまいですよね。

谷尻　本当ですか？

糸井　すごく鍛えられていると思います。けむにまかないもの。

谷尻　けむにはまかないですね。ズバズバ言っちゃうっていうのはある（笑）。

糸井　建築をやっている人って、やっぱり理科系の技術者でありながら、同時に詩人だと思うんです。この景色の中でこの言葉を聞きたいっていうのと同じように、建築家にもそういう要素があるから、けむにまくのも腕のうちというか（笑）。

谷尻　そういうところ、ありますよね。うちのばあちゃんでもわかるような言葉で建築とか空間の喜びの伝えられるような建築家ってなんでいないんだろうなって、ずっと思っていて。業界を大きく変えていくっていう否定的なことではなく、凝り固まっている部分があるとしたら、それをゆるやかに溶かしていくことなら僕にはできるかもしれないと思って

やっていて、気がついたらもう20年経ちました。

糸井　依頼主と建築家、あるいは公共の施設のようにそこを利用する人たち。全部が仲間になればいいのになというふうにやっているように見えます。同じ目的を持った仲間の集いが、建物とか場所の使い方を考えてるというか。谷尻さんはそういうことをしているのかなって思う。

谷尻　それはうれしすぎるお言葉です。

糸井　子ども同士が集まっているときってそうじゃないですか。

谷尻　ああ、はい。

糸井　子ども同士でテント張るにしても、自分たちがそこで寝るわけで。雨の時にこうなったら困るからこうしようとか、一回やってみたけどやり直したとか。それは一番得意な人も含めて、「あっ、そっか！」というのがあってキャンプが成り立つわけで。だからキャンプみたいな発想なのかもね。

谷尻　協力し合いますよね、必然的に。

糸井　俺、魚焼くわ、みたいなね。

谷尻　そうなると一番幸せですよね、プロジェクト

糸井 重里　ITOI Shigesato

「ほぼ日刊イトイ新聞」主宰。株式会社ほぼ日代表取締役社長。1948年生まれ。コピーライターとして一世を風靡し、作詞やエッセイ執筆、ゲーム制作など、多彩な分野で活躍。1998年にウェブサイト「ほぼ日刊イトイ新聞」を立ち上げてからは、同サイトでの活動に全力を傾けている。近著に『他人だったのに。』『みっつめのボールのようなことば。』（ほぼ日文庫）、『すいません、ほぼ日の経営。』（川島蓉子との共著・日経BP）など。

としても。

糸井　そのときに「高さ」とか「遠さ」のある夢を持つ人が混ざってないと、ちょっと退屈になるんじゃないかなあ。すごいわがままな施主だとか、権力をぶんぶん振りまわして、「ピラミッドを作れ」みたいな人が混ざることも、また面白さなんでしょうね。

谷尻　そうですね。無茶言ってくれる人っていいですよね。

・・・・・

糸井　便利とか機能ってところにすべての結論を持っていくやり方って、豊かさがないんですよね。

谷尻　僕、いつも言葉を選ばずに言うんですけど、便利なせいでアホが増えてるんだから、便利やめた方がいいって。

糸井　なるほど。

谷尻　携帯電話みたいなのがあると、みんなもうそれで調べて、答えが出たような気分になっていて。それは答えじゃなくて、検索という作業だけで。

本当は人に聞いたり調べたりして、自分が身をもって得た情報がすごくクリエイティブなものを生み出していたはずなのに、ピンタレストでイメージ集めてデザインしてしまう人がどんどん増えてるような状況ですから。だからこういう便利なものにとらわれてるってことは、もうクリエイターとして終わりだってよく言ってますね。

編集部　ものをつくるうえで糸井さんは何を大事にされていますか。

糸井　そのものが「痩せすぎてないか、ギスギスしてないか」ということは気にしてます。ふっくらしているものとか、余計なものがふわふわしている感じとか、そういう長い人類史と生命史のなかで繋がってきたようなものを機能で捨てちゃう発想は、一部の人からはエレガントと表現されるけど、エレガントが痩せて見えたらやっぱりダメだと思う。

編集部　痩せたものっていうのをもう少し詳しく教えてください。

糸井　それ以上に解釈のしようがないもの。それしか意味してないもの。でも、それってコミュニケー

未完成の対談から
ITOI SHIGESATO ×MAKOTO TANIJIRI

ションの話だから、1本の線しかなくても、感じる人によっては豊かに見えることはあります。

編集部 つまり手帳ひとつにしても、そこから物語が感じられるようなものとか、何かが想起されるものということでしょうか。

谷尻 「余白」じゃないですか。

糸井 人が考えたんだなって感じられることが重要なんだと思います。機能を突き詰めていけば美しくなるっていう「機能美」っていう言葉に建築をやっている人なんかはさかんに寄りかかりますけど、やっぱりそれだけでは豊かにならないですよね。

溺れる者になれ

糸井 僕は青山という町が好きなんですが、最近つまらなくなってますよね。青山って家賃が高いから、すでにチェーン店しかやっていけないんですよ。僕らが昔よく行ってたサイフォンでコトコトコトやってるような喫茶店は、青山では1杯1000円近くお金をとらないともたないです。そういう昔ながらの喫茶店がやれなくなった町って、商業としては難しいんじゃないかなあ。だから、よその町でおまけしてくれる店なんかに行くと、「ああ、人が商売しているなあ」と思いますよね。人が商売する魅力を、

もう一回取り戻したいなっていう、今はそういう気持ちがありますね。

谷尻 建築はまさに経済資本主義ですから、つまらないものがどんどんできていくわけですよね。僕らも仕事していて、最近は「これをやる意味って何なんだろう」って問うことが増えています。たとえばオフィスの設計を頼まれて、効率的につくることは事務所としては仕事の規模が大きければ大きいほど経済効果はあるけれど、それをつくるときに関わっているスタッフが楽しいのかって考えると、そういう仕事やってたら僕らの会社ダメになるなって。だったら、いくら小さくても価値の大きいものをやれば、その価値を見て頼んでくれる人が来てくれる。環境自体を設計するっていう方が、僕らがやらなきゃいけないことだって。それで食べられなくなったら、みんなでバイトだって（笑）。

糸井 いざとなったら、何してでも食っていこうっていうのは、新人っぽい発想ですよね。

谷尻 （笑）。そうですね。

糸井 僕はずっと新人をやってる感覚があります。最近もまた新人が始まってますね。新人って辛いんですよ。寄って立つものがあやふやだから、すごく辛いんだけど、同時に新人を繰り返せてる自分ってのは、やっぱり楽しいですよね。

谷尻 いいですよね。怒られない新人っぽいですけ

どね（笑）。

糸井　ああ、そうか、怒られはしないかな。でも、上場してるから株主に怒られる可能性はありますね（笑）。

谷尻　ええ、そうですね。たしかに（笑）。

・・・・・

糸井　藁をつかんでも溺れるということを、最近の人は知り過ぎてる気がします。まずは藁をつかまざるをえない場所に落っこちてみないと。そこでしばらく水に浮かんでいてもいいんです。力を蓄えてから泳いだら意外と岸壁が近かったとか、実は背が立つ場所にいたとか、そういうこともあるわけだから。苦しむっていうことは、発見の窓口を開けることでもあるんです。だから「溺れることを怖がるな」って言いたいですよね。

谷尻　負荷のない成長はないですから。

糸井　そうですよね。

谷尻　だから負荷を与えるのが僕の仕事じゃないかなと思っています。答えは言わないというか。

糸井　自分でつかんだものじゃないとね、やっぱり。

谷尻　そうですよね。

糸井　どっかで火事場の馬鹿力みたいなものを出したことがある人は、そうなったら「出せる」ってことを知ってますよね。

谷尻　昔は、情報がないからどうしたらいいか考えないといけなかったですけど、もう今は調べると出てきそうな勢いですし。

糸井　いっぱいものをつくらなきゃならない仕事をしていると、教えちゃったりして早く答えを出して、納品を急ぐみたいなこともありますからね。

谷尻　僕この本つくったときに、編集者の方が校正する方を連れてきてくださって、僕が書いた文章をすごい校正されたんですよ。読みやすくなってたんです。でも、申し訳ないからぜんぶやめてくださいって言ったら、めちゃめちゃ怒っていたんですけど（笑）。そういうのの連続で、編集の方ともずっとケンカしながらやっていたので、そのおかげで糸井さんとの対談ページが「未完成の対談」として空いたっていう（笑）。

糸井　すごいよね、いわば苦肉の策で。さっき言った「つかむ藁」ですね。そういうのってそこにいる人間が見えてきますよね。溺れそうになって、藁をつかもうと必死でもがいてる姿が見えるというか。

谷尻　（笑）。

糸井　それで助かったら、最高ですよね。

未完成の対談から
ITOI SHIGESATO ×MAKOTO TANIJIRI

ネガティブを武器に

谷尻 糸井さんってコピーをつくっていた時から価値変換を言葉によってされていたわけじゃないですか。僕はそれがすごく好きで、勇気をもらっていたというか。僕は大学も行ってないし、優秀な人たちといつも比べたときにやっぱりずっとコンプレックスを感じて、前向きになれない時期もあったんです。でも、糸井さんの言葉って、ダメじゃないって言っているよな、個性だろっていうふうに自分に届いていて。建築にたとえると、みんなが嫌う土地っていうのも個性でしょうし、僕には言葉があれば前に進めるようになるんだなと思って。

糸井 いいですねえ。

谷尻 絵よりも言葉で建築つくるようになったんです。だから自分のメモには言葉ばかりが……。

糸井 すごいと思いますよ。俺は建築の学校を行かなかったんだよって、威張る必要もなければ、縮こまる必要もないわけで。でも、学校に行かなかったおかげで、今こういうことができているというのもあるでしょうし。

谷尻 まさに僕のポジションはそんな感じで、無所属ですね。食堂をつくったりだとか、ほかのことやってたりしても、あいつはああいうやつだからってふうになれたというか。建築の派閥の中にいると、

「そんなちゃらいことやっててダメでしょ」ってなると思うんです。だから、結果、すごくよかったですし、何より仲間が増えましたね。

糸井 違う業種の人たちともね。

谷尻 ええ。いろいろ考えたときに、アニメも映画も出来損ないが主人公で、そこに自分を投影してみたときに勝機を見い出せたというか。

糸井 なるほど、なるほど。

谷尻 やっぱり世の中はダメな人が多くて、2割のエリートよりダメな8割は、映画や漫画とかの出来損ないがなんとか頑張っているところに自分を投影して泣いているわけだから、ダメな僕がちょっとでも頑張って、僕もそうなれるかもって思ってくれる人が一人でも二人でも増えれば、間違いなく仲間になれるわけで。

糸井 そうだねえ。

谷尻 だから、絶対仲間が増えるのは僕だって思えたんですよね。

糸井 それはうまくいってますよね。

谷尻 頭が悪いんだったら考えるしかないなと思ったんですよね。

糸井 （笑）。

谷尻 勉強してこなかったし、勉強はできないけど、でも知恵はあるはずだから、そっちの方は僕でもできるんじゃないかって。

糸井　答えが出るまで考えるっていうのは、みんなしないんですよね。途中の68点みたいなときにやめちゃったりする。68点でいいやと。だけど、ここまでやったんだけどダメだったという経験も大事なんですよね。

谷尻　そうですよね。

考え方を拡張する

糸井　僕はハタチくらいに考えたことを、それこそ60歳を過ぎてから実現することだってあったと思います。

谷尻　そうですか。

糸井　若い頃から言っているのに、みんなわかってくれなかったんだよってことは、意外と忘れないですからね。

谷尻　そうですよね、ええ。

糸井　案外記憶って、覚えてようと思ってないのに覚えてることがあるんです。たとえば、雨が降ったら傘をさすけど、もし傘を逆さまに持ったら雨はやむのかな、とか。何の意味もないけど、そういうことを子どもの時に思ったことがあります。

谷尻　はい。

糸井　それはいつまでたっても何の役にも立たない思い出なんですが、何かのときに使える可能性はあります。原因と結果を逆転させるようなことに。

谷尻　うんうん。

糸井　実際、そういうことを人がしてるのを見てたりもするわけだし。それって原因と結果が逆だね、とか。

谷尻　たしかに、そこまで戻れるってことですよね。

糸井　そういうことはいつも考えてますね。

谷尻　僕が教えている学校の一番最初の授業で、学生たちにハンバーガーを面白く食べる方法について答えてくださいっていつも話をすると、みんな食べ方のことばかり言うんです。だけど、ゆっくり食べるっていう答えもあるよねって。食べ方だけじゃなくてハンバーガーは何なのかって考えたら、もっと答えの幅が広がるんだっていうのを最初に学生にわかってもらって、考え方を少しずつ拡張していくような授業をするんです。

糸井　ああ、いいですね。「もの・こと」ってそれを取り巻く環境まで含めて「それ」なんですよね。なまじ理屈っぽい人たちって、言葉がひとつの意味しか表してないと思ってるから、その中で記号のやりとりをしたがるんです。それは違いますよね。包含されているものは絶対にある。反語的な意味だとかね。そういうのをやりとりできるからこそ、人間のコミュニケーションはすごいわけで。

未完成の対談から
ITOI SHIGESATO ×MAKOTO TANIJIRI

谷尻　よくわからないものの方が無敵ですもん。洋服にたとえるとわかるんですけど、ズボンを買う時に靴や洋服のことを想像しているわけで、本当は隣があってのこれなのに、みんな隣のこと考えないですもんね。

糸井　その通りだね。

谷尻　そういう逆説的なのがもう糸井さんは身についているというか、染み込んでいるってことですよね。

糸井　最近僕がみんなに言うのは「もっと浅く考えろ」です。深く考えているつもりで穴をどんどん掘っていくと、結局は「誰も見てません」ってところにたどり着くんです。一生懸命穴を掘ってる人は、そのまま誰にも気づかれずに、穴の底で力尽きてしまいます。つまり、ハワイの良さを伝えるならフラダンスを紹介すればいいんです。それなのに「実はあの島の奥にはこういう村があって……」とか、そういうのはやめようよ。考えを浅めるって、案外大事なことなんです。

谷尻　（笑）。めちゃめちゃ深いですよね、結果的に。

いつでも新人

谷尻　K君（現在、サポーズのスタッフ）も糸井さん好きで、僕らの事務所に入ってくるときの面接で、一回落としたんですよ。落としてそれから一年くらいたったとき、その1年間で作った大量の作品が段ボールに入って届いて。

糸井　いいねえ。

谷尻　あ、もうこの子採用するしかないなって。

糸井　もういいですよね。

谷尻　ええ、もう面接いらないねって。

糸井　そういうことで何とかなるんだから、一年くらい必死でやってみたらって言いたいですよね。何とかなるんですよ、一生懸命やれば。

谷尻　本当にそうですよね、一年頑張るだけで人生変わりますよね、価値観が。

糸井　そうそう。逆にまわりを気にしていろんなことをやるから、焦ったりするんでしょうね。

谷尻　比べますもんね、自分とまわりを。

糸井　節目節目で今までのものが通用しなくなる時期って必ず来るんですよね。それはどんな才能がある人も同じで、イチローだって引退するわけです。そうなったときに「これから何がしたいの？どのくらいしたいの？」みたいなプレッシャーがものすごくあって、そこでまた新人として始められるような面白いことを見つけられるかどうかですよね。僕の場合、それが会社ってかたちになったけど、自分が事業主になるっていうのは、誰の頼みを聞くわけで

もなくやれるんですよね。フリーランスも事業主に見えるけど、実は施主がいます。施主のいない仕事を始めたことが、僕にとってはすごく大きな変化でした。今ってもう、ネットで何かやるだけで「珍しい」ってことがなくなりましたよね。

谷尻 はい。

糸井 純粋にネットがただの機能になったんです。今、日本でネットでみんなで歌つくりませんかって言っても、別に注目されないです。それくらい世の中は変化しています。僕がほぼ日をつくってから20年以上経ちましたが、いつまでも同じことばかりしてたら、やっぱり時代に取り残されていくと思います。だからそうならないように、次の方向性をどうしていくのか苦しんで考える時期が来たわけです。しかもそれは今までのやり方とも全然違うわけだから、また新人に戻るわけです。ただ、考えたりすることが商売というのは変わらないから、そういう新人としてもっと若い子と勝負したり、もっとベテランと勝負したりするんだと思います。そうやってジタバタしようとしてますね。

谷尻 ああ、いいですねえ。

糸井 だから、もしかしたらほぼ日が建築事務所になる可能性だってゼロではないわけで。まったく建築を知らない人が、建築事務所をやるようなことだってあり得るわけだから。

谷尻 そうですよね、いいものができますからね。

糸井 建築かもしれないし、音楽かもしれないし、やっぱり今のままかもしれないし。それはわからないですよね。

・・・・・

糸井 谷尻さんのところは20周年でしたっけ？

谷尻 はい、今年が20周年です。

糸井 ずいぶん若いときに始められたんですね。

谷尻 はい、26でスタートしてしまったので。

糸井 すごいですね。

谷尻 いやいや、本当に。何も分かってなかった。今もたいして分かってないですけど（笑）。

糸井 もっと分からなくなりますよ（笑）。

谷尻 本当ですか？ いいですね（笑）。

糸井 本当にずーっと新人ですから。僕がこういうこと言うと、謙虚で言ってるって思う人がいるんです。でもそうじゃない。僕は本当に新人だと思っているんです。

谷尻 本当に迷い続けてるってことなんですよね。

糸井 そうですね。

谷尻 いいですねえ、新人。

ぼくは ときどき、建築を学ぶ学生さんに、レクチャーを させて頂くことが あります。
その時、紙と鉛筆を渡して、「あなたにとって 建物の外部とは 何んですか ？」と 問いかけることが、あります。
すると、ほぼ全員が、渡した 紙の中で、建物の外部と内部を表現します。
でも、紙面 が建物の 内部で、紙の外側が 外部と 考えることもできます。
また鉛筆を 渡されると、鉛筆で書かないと、いけないように思ってしまいますが、
紙に四角い穴をあけて 窓をつくって、こちらが 内部で、紙の 向こうが
外部と表現することが、出来ます。
紙をしわくちゃにして 線を引くことも
出来るし、線を引く 部分以外を塗り
つぶして 線を表すことだって
できるはずです。

紙と鉛筆を渡されたとき、
ほんの少し立ち止まって考えて
みることで、「外部」の意味、
「鉛筆で書くこと」の意味を
考えてみる、つまり与えられた
ことに対する答えを考えると
同時に、与えられた 問い自体に
ついて 考えてみることを、ぼくは、
とても 大切に思っています。

紙 と 鉛筆

私 は 見 た 谷尻誠の勘違い

witness　　松澤 剛　株式会社E&Y 代表取締役／デザインエディター

谷尻誠は、僕の中で枠組みができない。

学生時代の友人はほぼ無条件に関係が続く。良くも悪くも時間がその時代で止まっていて、その延長線上に今があって、そこを行ったり来たりして話が進む。それはそれでとても楽しく穏やかな関係だ。もう一方で社会人になってからの出会いや関係というのは、もう少しヒリヒリする。

一旦与えられた枠の中で行動する学生生活もそういった部分もあるのかもしれないけれど、もう少し意味が違う。もちろん両方とも情報がゼロからのスタートであり、値踏みしているというか、どこか探り合う。でも、こういった仕事をしていると、どこかお互いに審査をしている感覚が強い。そこでは審査を通過したら仲良くなれるけど、すぐに二次、三次と審査が始まり、また問われる。その度合いが大きいのだと思う。キラキラした青春の思い出を頼りに……ではなく、「今は？」と探る。そして自身の考えや思想と比較し、答え合わせをする。社会は仕事への姿勢や考え、センス、さらには損得とか含め真剣を振り合う戦いの場だから仕方がない。言葉にすると怖いけれど、仕事が絡む場合は間違いなくそうだ。まわりもいつも研いでいるし、それぞれが強い意思を持って戦っている。

彼との関係はかれこれ20年になる。いつもの柔らかい笑顔をもって学生時代かのような居心地をつくってくれる反面、ずっと刃先を突きつけて試してくる。出会った時、10年前、今、と距離感は少しずつ変わってきていると思うけど、ずっとそんな気がする。

一見ロマンティストに見えそうな彼は、実はそうでもなく、かといってリアリストとも違う。ポジティブとかそんな言葉で片付く感じでもない。デザイナー達によくある固定観念が彼にはない。垣根を取り払う言葉の強さと視点をもって、開かれた場と状況をつくりあげる。

その一見説明しにくい「強さ」を持った彼への期待と心配と接続具合は、他の友人とは全然違って、僕の中で感想も違えば、変化もある。入口と出口が一緒で経路はそれぞれ、もしくは入口や出口も違い経路が一緒か、どちらかでも良いからと、そこを求めていたから否定的な部分も過去に少なからずあった。でもそれは僕の中で答えも出ないままで、消化もできなかった。彼は入口も出口も、そして経路も、

what's
he like?　　知り合ってもう20年。仕事も相変わらず一緒にやっているけれど、なにかあると伝えたくなる友達。ちゃんと認め合いながら、言いにくい事も言い合える関係が、これからも続き、いつまでもインスパイアしあえる仲でいたいものです。

その設定自体に興味がないからだ。僕は専門性を持った頑なにそこの部分だけを突き詰める人種が好きだ。そこの凶暴性と繊細さに心が動かされる。それは今後も変わらないだろう。だけど、その焦点ですべての人にそのまま当てはめ、期待するのも違う。時代の変化を受け入れる潔さと、悩みを希望に変換する能力を持つ「建築家」ではない「谷尻誠」が、今日は、明日は、と自身の行動で僕に知らせてくれた。

この数年で僕が感じている心理的距離感は学生時代の友人とも、社会に出てからの他の友人とも違う。

起業家と設定し始めた彼は計算をしてはいるが、でもそれは物事の後の部分。谷尻さんは都度、悩みに対し模索し回答している。解決

方法や方向転換の手法を生み出し、その悩みを受け入れる体制が整っているのだろう。そして、思考も枠組みに支配されていないことが彼の何よりの強みだ。そして、実はかなり泥臭く人間臭い。なかなかに厄介（笑）。全てにおいて反応が早いから、大して考えていないように見えるだけだ。彼は十分に大胆で凶暴だ。

今からの10年、彼が何を新たに追加して、得たものを捨てるか。ゆっくりと見てみたいと思うし、「こんなのどう思う?」って構想を伝えてくれるのがとても楽しみだ。

外付けハードを接続しまくることを厭わず、自分の物にしていくことができる彼だが、彼自身のハードディスクの容量内で、「建築家—谷尻誠」の純粋な作品も見てみたい。

もしかしたら、これを言っている時点で僕自身もまだまだ間違えているのかもしれないが、これだけはこの1000%の建築を初めに出版した8年前と変わらない。

私は見た　谷尻誠の勘違い

witness　　山根 脩平　tecture代表取締役社長

谷尻さんとは「TECTURE」という次世代型メディアサービスを一緒につくっています。

新しいことを始めるとき、多くの人は「自分は○○だから」「こういうスキルがあるから」といった現在の「自分」の延長線上で新しいことを始めることが多いと思います。彼は「こういうのがあったらいい、こういう世界だったら楽しい」から新しいことを始める。

そうすると、当然「現在」の自分にはまだできないこともたくさん出てくる。彼は自分だけではできないことを埋めるチームをつくり、どんどん実現させてしまう。同じ新しいことを始めるにしても「現在」の自分とのギャップが大きければ大きいほど、まわりからみると壮大な勘違いに見えてくるのだろうと思っています。だって、建築家がITサービスをつくるなんて。

といった自分も隈研吾さんのところで建築家として活動、LINEでIT文化に触れ、IT領域で建築デザインの仕事できないかな? と考えていたところ、谷尻さんと「TECTURE」を一緒に立ち上げることに。相当な勘違いで会社までつくってしまった(笑)。

谷尻さんは勘違いの連鎖を生み出す天才なのかもしれない。

「山根さん、新しいプラットフォームの社長やってよ!」
「???!」
この会話から会社設立まで1～2ヵ月くらい。
やると決めたらとにかく早い。
気になる人を呼んでは「バンドやろーぜ!」と声をかけてどんどん人を巻き込んでいく。
次のキーワードは「メジャーデビューしようぜ!」

what's he like?	「tecture」という会社を一緒にやっている山根さん。LINEに所属していたときに、「tecture」の社長をやって欲しいと話したら、「やるしかないですね」と即答した(無理やりだったかも)山根さんの決断力、尊敬します。どうなるかわからない新しい事業に人生をかけた決断を後悔させないために、一緒にこれから走っていきたい仲間です。

持ち前の超ポジティブトークを1時間でも浴びると、「あれ？ できるかも？」
ってみんなが勘違いを始める。
そんなこんなで「TECTURE」には前向きで面白い人たちが集まっています。

谷尻さんと仕事をしたことある方なら一度は感じたと思うのですが、彼と話をするときに「できない」とは絶対に言いたくない自分がいます。なぜかわからないのですが、彼の前でできないという発言すること自体がすごく悔しいんですよね（笑）。

できないではなく、どうやったらできるか。みんながそう考え始めたら結構できてしまう。

今回の開発では導入できないけど、次のステップで導入しようとか。みんながみんなそんな風になってくるもんだから、常に新しいことにチャレンジすることになり、みんな大変。

彼とバンドを組むと「めちゃくちゃ大変」「めちゃくちゃ楽しい」「大きな成長」がもれなくセットでついてくると思います。

8年前に出版された『1000%の建築』での対談の中で「あたらしい建築家像をつくる」とありましたが、建築家がITサービスまでつくる。

勘違いの連鎖によって、今までの建築家像からは想像もしてなかったことがこれから実現します。

「諦めなかったら絶対できる」を合言葉に引き続き勘違いしたまま一緒に走りましょう。

3年後。
あの時の勘違いで始めたことが、すごく新しい建築家の未来をつくってしまったね〜って笑いながらお酒飲みたいですね!!

私 は 見 た　谷 尻 誠 の 勘 違 い

witness　　　　須 藤 愛　SUPPOSE DESIGN OFFICE　秘書

谷尻さんは、昔、私の先生でした。

穴吹デザイン専門学校の非常勤講師としての初のクラス。

授業の課題では、谷尻さんがその時に設計している広島の店舗の白図図面を配られ、店舗設計をすることが多く、授業の後は、そのまま現場に着いていって、よく見学させてもらいました。ご友人の紹介で、小さな洋服店、小さなカフェを設計されていた頃でした。

歩くのが早くて、声が大きくて、いつも楽しんでいる谷尻さんそのもののように、見学に行く現場もどんどん広くなって、大きくなって、建築になっていきました。

でも、正直、授業で谷尻さんに設計の何を教わったのか、については思い出せないのです。

ただ、「真っ黒のブラックデニムを売りたいとき、どんな広告だったら、インパクトがあると思う?」という質問だけは、鮮明に覚えています。

私は、考えました。すごくワクワクした目で回答を待っているので、しっかり正解を考えるか、深く考えず不正解を出して、谷尻さんに説明する楽しみをあげるか、とまで考えました。そして、谷尻さんならどう考えるかも考え「真っ黒にする」と答えました。どうやら正解だったようで、少しだけ残念そうでしたが、この時、考えること、色々な方面から物事を見ること、とらわれないことを、授業よりも何よりも印象深く教えてもらいました。

卒業後、私は上京し、カフェやアパレル関係のお仕事をし、谷尻さんのことは、雑誌

| what's
he like? | 教え子だった須藤が、3人の子供の母親となり、そして今は僕の秘書。その大変さを笑顔に変えながら働いている彼女のメンタルの強さにいつも助けられています。ドジなところもありますが心が優しいというのは、最高の能力だと思います。いつもありがとう。 |

で見る機会がどんどん増えていきました。

そして、10数年後、広島に戻った私は、専門学校を卒業する時に言えなかった、「谷尻さんの元で働きたい！」という言葉を思い切って伝えることにしました。

「設計は出来ないけど、秘書なら募集しているよ」ということで、面接をしてもらいました。

10数分話した後、「まぁ、昔からコミュニケーション能力はあるし、いいんじゃない」という一言！ これこそ、私が目の当たりにした、谷尻さんの勘違いです。

谷尻さんのポジティブな勘違いのおかげで、私は、サポーズに入社することができたのです。パソコンのスキル、メールの経験もほぼなく、入社当初は、スタッフの皆さんにご迷惑をかけるばかりでした。それでも、できないことでも、できるといってみる、できるようにどうするか考えるという谷尻さんのおかげで、とにかく毎日楽しんで仕事をさせていただいています。

いつまでも夢いっぱいの世界が目の前に広がり、やりたいと思ったことは、必ず実行していく谷尻さんは、まるで大人になることを忘れ、ネバーランドを自由に飛び回るピーターパンのように感じます。本当は、飛行機ではなく、空を飛んで各地を移動しているのかもしれません。

そんな谷尻さんだからこそ、時々子どものようにワガママな日程調整も、ものすごいスピードで展開していく業務も、しっかりとサポートして支えていきたいと思っちゃうのかもしれません。これからも、スタッフみんなとネバーランドを飛び回りましょう！！

私 は 見 た　谷尻誠の勘違い

witness　　　　　土 井 地　博　　BEAMS/社長室 宣伝統括本部兼コミュニケーションディレクター

谷尻誠という存在は、私の中でいつも仕事と人間関係を変える装置のようなものである。

世に溢れる情報をいかに楽しくデザインとして世に残せるのか、また人の頭に記憶させるかを考えているのではないかと、ふと思う。本書からも伝わるように建築の専門書ではなく、具体的にどのような建築をするのがいいかという教書でもない。極めてシンプルに彼が仕事を通じてそれぞれの人と出会い、そこで生まれた発想や雑談が谷尻誠という装置を通じて表現されている。人と人とを繋ぐ最初の接点を大事にし、そこから築かれるお互いの共感や理解、またそれに伴った深みが魅力である。

本書のキーワードとなるであろう「勘違い」こそが彼なりの想像の振り幅であり、またそれも人を惹きつける装置であると私は考える。

"1000%の可能性と1%の想像力も決して無駄にしない"という事を教えてくれる本です。

what's
he like?　　　　用事がないのに、わざわざ電話をかけてきて、「なにしてるの?」と。今の時代だとメッセージですむことだったり、
　　　　　　　　用事がないとコンタクトしなかったりするのと全く真逆の彼の行動に、僕はとても暖かさを感じました。便利になる
　　　　　　　　社会だからこそ、面倒なことを丁寧に。それを彼から教わった気がします。

私は見た　谷尻誠の勘違い　　　　　　　　　　　　　　どんどん変わる 編

witness　　　　武井 実子　33,LLC

『1000％の建築』が出版されたのは2012年で、私は全体の進行や紙まわりの加工などを担当しました。一筋縄ではいかない谷尻さんとの本づくりはとにかく大変で、打合せで一度決まったことも次の時には覆されるなんての はザラでした。それはより良くするためだったり、もっと面白いアイデアを思いついたりで、その都度変更、変更。テキストを決められたフォーマットに流し込むなどというページは一切なく、すべてのページを谷尻さんとイラストレーター、デザイナー、編集者と全員で話し合ってつくりました。とにかく定型通りになんて進まない。ならば私も と、ここぞとばかりに試してみたかった紙や印刷加工を盛り込みました（ありがとうございます）。本文用紙の厚みを徐々に厚くしていくとか、り込みました（ありがとうございます）。本文用紙の厚みを徐々に厚くしていくとか、

地味だけど紙好きとしてはたまらない製本にしたり、結果、なかなか贅沢な1冊ができあがりました。その中の「年表」というページ。生まれてからさから一人でこっそり書いていたら、本人から「どんな感じかね？」と連絡が来てびっくりしているところです。あの時にはまだなかった社食堂は早くも地域に根づいているし、この8年間で谷尻さんの世界はどんどん変わっているように思います。またこの先もどんどん進化していくんだろうな。圧倒的に能動的な谷尻さんがつくり出すこの先の未来も、おそらくかなり面白い年表になると思っています。そして、谷尻さんらしさを続けていくためにも、どうかお身体だけは大切に！

今までの谷尻さんの歴史を彼の言葉で綴ることで、どんな少年時代だったのかを伝えたいね、と編集の方と話していたのです。が、「そんな過去のことだけ並べてもつまらないけぇ！」と言い出しました。やっぱり。その時に提案したのが過去と一緒に未来も書いてみては？ということ。何年後にこんなことをしてみたいとか。「それなら書けそう！」とすぐに返信が来たのが、ちょうどサポーズ設立20周年の2020年までを綴った年表です。当時は2020年なんて随分先のことだと思った記憶があります。奇しくもその年表の最後になっていた今年、『1000％の建築』

の改訂版を出すことになり、私は今、代々木上原の社食堂でこの原稿を書いています。原稿が遅れているうしろめた

what's
he like?

『1000％の建築』は、彼女がいなかったならばできていなかったと思う。ひとつひとつの事をとても丁寧に一緒に考えてくれて、最初に本をつくったときに「もう1回作るのはむりだーっ」て、言っていたことが懐かしく、それくらい大変な本づくりを一緒にやれたことが、僕は宝だと思っています。

私は見た 谷尻誠の勘違い

witness　　　濵谷 明博　SUPPOSE DESIGN OFFICE 設計スタッフ

ずいぶん前に飲みの席で「今度本出すから読んでみてね」と言われたのを思い出した。タイトルは本を出すと聞いたときは決まっていなかったように思う。どんな本を出すのかを楽しみに待っていた私は『1000%の建築　僕は勘違いしながら生きてきた』というタイトルを聞いて、いわゆる建築家が出す本と思っていたから、「勘違い??」どういうことだろうと思って手に取った記憶がある。「勘違い」という言葉自体があまりポジティブに私自身がとらえられなかったからだ。どっちかというとネガティブな言葉の印象だったので、その言葉選びが気になった。

谷尻さんとの出会いは確か2005年頃で、広島の加古町のオフィスに遊びに行った時が初めだったと思う。大学の先輩がサポーズに勤めていて、あいさつもそこそこに少しだけ話をさせてもらった。なんてフラットで面白い人なのだろう、こんな建築家は会ったことがない、とい

う印象だった。そのあとは講演があるときに伺ってあいさつさせてもらう程度だった。それからしばらくたち、東京の設計事務所で働いていた私は、事務所の解散が決まって独立を模索していた。ちょうどその時に、東京に来ていた谷尻さんに独立の相談を持ちかけた。独立する話をしているつもりがいつの間にか一緒にやろうよという話に代わり、飲みに行く誘いだと思って行ったら、お施主さんとの打ち合わせだったり、構造設計との打ち合わせだったりと半ば強引に誘っていただいた。でも当時、全員広島事務所勤務というルールがあり、「いろいろあって今は広島には行けないです」と最終的に断ったら、「じゃあ東京事務所やってよ、自分の仕事もやっていいから」という断る理由がないところまで言ってもらった。
単順にここまで言ってくださることがうれしく、谷尻さんの人柄が好きで一緒に働きたいと思いサポーズに入ることに決めた。結果、しばらくはひとりぼっちの東京事務所だったが……

---

what's
he like?　　ハマとは、なんだかんだ長い付き合いになってきたけど、彼は建築を心から愛しているので、なにかあるごとに僕は、ハマに相談している。なにかの時に一番に相談しようと頭に浮かぶのがハマだったりするということは、時間とともにハマへの信頼が厚いものになっているんだと思う。これからも、本当に良い建築を一緒に考えていきたいので、何卒よろしくです。

私は元来行動派ではあるものの、かなりの慎重派でもあって、考え込む癖がある。いろいろあって悶々としていた私を、すべてにおいてポジティブに変換してくれた谷尻さんには感謝しかない。あとで聞いたら、「ハマはうちに来るものだと思っていた」と。谷尻さんの中では最初から決まっていたらしい。今でこそポジティブの押し売りのような谷尻さんの人柄は尊敬でしかないが、当時の僕からすると物凄い勢いでいろんな人を巻き込んでいく台風の目のようであり、この流れに乗ってよいのか迷いがすごくあった。ただそのポジティブな考えに救われたことがたくさんあった。私にとっては辛い記憶も、谷尻さんと話をしていると全てがプラスに思えるようになったからだ。

谷尻さんの言う「勘違い」とは、ただ勘違いしているだけでなく意志をもった勘違いなのだろう。あえて勘違いするというか、自分のマインドを自分自身に勘違いしていると思わせて、周りを巻き込むというか。「建築家像を溶かす」という言葉、「空気が読めないじゃなくて、読まない」、「主張するためにあえて主張しない」、「建築を考えるために建築以外のことを考える」などなど。すべてが逆説的だけれども、それを「勘違い」という言葉に意志をもってのせることで、すべてがポジティブに変換される。僕が初めてこの本のタイトルを聞いたときに思った「勘違い」という言葉の違和感は、谷尻さんにとっては正に自分を体現する言葉なのだろうと思った。

私は見た　谷尻誠の勘違い

witness　　　　　谷尻 直子　料理家

主人は自分で自分は勘違い人生だと話している。

"友達の友達はみな友達だ" のごとく、

誠の勘違いはまわりの人をも勘違いに導いてしまう。

私もその1人。

日々のたくさんの選択肢。

私たち夫婦は、互いに起こることを相談する。

迷うことがあれば、彼は私にこう言う「迷うのは後でにして、やりながら考えたらいい」。

「緊張している」と言えば、「いつも通りやりんちゃい」「楽しみんちゃい」と返してくる。

"一家に一台谷尻誠" じゃないけれど、

彼が仕事におけるラブコールが多いのも、

センスや創造性のこともあるけど、

やはり、そこに柔らかくも強い、湧き上がるエネルギーを感じるからじゃないか。

みんなエネルギーを求めて会いたくなってしまうんじゃないか、そう思ったりするのです。

言葉というのは、脳が摂取する栄養だ。

栄養素として谷尻誠の発する言葉は、

まるで強い大地に育まれた自然栽培の野菜のように効き目を発揮する。

まるでビタミンやミネラルが身体を健康に導くように。

---

what's
he like?　　　　細胞の原料は食料だと彼女が言った言葉は、ものごとの原点まで遡って考えるということの本質にあたる部分だと思うのです。妻でありながら、メンターでもある料理家の妻からいつも多くのインスパイアをもらっています。

まことのまとめ

2000年、先のことなんて考えることもないまま、今の事務所をはじめました。自分がな
にをやりたいのか、どこへ進めばよいのか、皆目分からないなかでのスタートでした。
分からないなりに建築雑誌を読みあさったりしたものの、そこではあまりにも自分とか
け離れた世界が展開されており、憧れと同時に、建築の世界に対する距離さえ感じた
ものでした。それでも建築への思いは日に日に募るばかり、寝ても覚めても建築雑誌
を読み返していました。

幸い人に恵まれ、友人やその知り合いが、事あるごとに店舗改装などの仕事の相談
をもちかけてくれました。やがて、どう考え、どうつくるべきなのかを練る余裕もなく、
とにかくつくらなければならない状況になり、必死で人と話し、つくり方を工務店の社
長や職人さんたちに必死で聞きながら、設計図や現場と向き合う日々が過ぎていきま
した。手がけたことのないアパレルショップやカフェ、美容院など、すべてがはじめて
のことばかりで、その都度話し、聞き、調べ、つくる… ただただそれを続けました。

そんな日々のなかでふと気づいたのは、どんな状況のどんな段階にせよ、人やものと
の向き合い方がとても大切だ、ということでした。たとえば自分に経験のない課題に
直面したとき、経験がないからあきらめるのか、できる方法を必死で考えるのかで、
未来はまったく違ってくると思います。現在活躍している世界的な建築家も、最初から

大きな建築をつくれたわけではないはずです。彼らは、つくる場面に直面したときの向き合い方が誠実だったからこそ、未来へのパスポートを受け取れたのではないかと思うのです。だからぼくも、未経験の出来事にぶつかったとき、決して背を向けることなく、目の前の現実に誠実であるべきだと自分に言い聞かせながら、少しずつできることを増やしていきました（こういう話をすると少し聞こえはよいのですが、正直、最初のうちは建築の大学を出ていないことや、アトリエ系の設計事務所での経験がないことがとてもコンプレックスだったし、誰かと自分を比べては自分に自信がもてなくなる――そんなことの繰り返しでもありました）。

そんなとき、「私は見た谷尻誠の勘違い」（141ページ）でも書いていただいた工務店の社長の江角敏明さんに、「建築は好きか?」と訊かれたのです。ぼくは迷うことなく「好きです」と答えました。すると江角さんは、「だったらいいじゃないか。好きという気持ちなら誰にも負けない、と思えるくらいになればいいんだ」と言ってくださいました。この言葉に、ぼくは本当に励まされました。それまでのぼくは、どこかで卑屈なものの考え方をしていたように思います。でも、この言葉をもらって自信をもったことで、建築が好きだと胸を張って言えるようになったし、自分を誰かと比べる必要もないってことが心から理解できたのです。

もっとも、コンプレックスにかんしては、視点を変えてとらえ直すという考え方が中学・高校時代に打ち込んだバスケットボールをとおして、すでにできていたはずでした。それが建築では、なかなかうまくできていなかったんです。それに気づいてから、自分の経験と建築が結びついていくようになりました。バスケットボールで独自のプレースタイルを確立したことを建築と重ね合わせて見たとき、大学で建築教育を受けていないからこそたどり着ける思考もあるはずだし、建築という難しいものを分かりやすく多くの人に伝えていくのは、世界の誰よりも自分ができるはずだと思えるようになりました。そうやって自分を励まし、周りにいる人にも助けられながら、建築というものを少しずつ理解していきました。

ぼくの周囲には、ぼくを教育してくれる人がたくさんいます。たとえば江角さんは、「なぜこの計画なのか」「なぜこういう構造なのか」「なぜこの材料なのか」と、いちいち聞いてきます。お施主さんからOKをもらって進んでいることでも、まるでさらに1つの関門が用意されているように、江角さんにきちんと説明できなければ工事が進まないような状況なのです。最初のうちはうまく答えられなくて大変でしたが、おかげで物事を決めていく意味を考えられるようになったし、つくることだけでなく、考えたことの伝え方も非常に大切だということが理解できました。

設計や現場監理（現場で設計図どおりに工事が行われているかチェックすること）を
していると、図面どおりにつくることばかりについ目がいきがちです。しかし本当に大
切なのは、自分だけでなくそのプロジェクトにかかわってくれている皆さんに設計の意
図を伝えること、自分たちがなにを目指しているのかを示唆することだと思います。だ
からぼくは、現場でもただ指示するだけでなく、自分がつくりたい建築についての考
え方などを職人さんに話しています。建築は決して1人ではつくることはできません。
だからこそ、人とのコミュニケーションが重要で、多くのかかわりを設計するべきだと
いうことを、現場の皆さんから学んできました。

事務所をはじめて、もう12年目になります。当初、どこに向かうべきかさえ分からなか
った自分が、今では建築家として頼まれたことだけではなく、自発的に身の回りのあ
れこれについて、どうすれば建築が、街が、人が、よりよくなっていくのかを無意識に
考えるようになっています。なにもできなかったぼくが、なにかができるという勘違い
をして、さらには本当にできる方法ばかりを考えるようになっているんです。そして当
初感じていた建築との距離なんてもうどこにもなく、むしろ建築の虜になっています。
こんなふうに、知らないうちに人を魅了していく力をもつ建築に、ぼくはこれからも向
き合っていきたいと心から思います。

年 表

MAKOTO TANIJIRI
CHRONOLOGY

1974
3月9日：広島県三次市に生まれる（2,600g）。
両親と母方の祖母との4人暮らし（一人っ子）。

1979
保育園ではじめての恋。
キスをされて恋におち、その子と結婚すると宣言。

1980
4月：小学校入学。
背が低くて常に前から3番目をキープ。
新しい恋。6年間好きでした。
小学1年生のある日、母親いなくなる。
祖母、父、僕という3人の生活が始まる。

1986
4月：中学校入学。
バスケ部に入りたかったが、背が低かったため陸上部に入部。
長距離で走りまくる。
親から小遣いをもらうのが嫌で新聞配達を始める。

1987
諦めきれずにバスケ部に転部。
新聞配達、朝練、学校、部活、帰宅して釣りの日々。

1988
必死の練習によって、3年生でバスケ部のレギュラーに。

1989
4月：高校入学。電車通学。
バスケ部に入部、1年生からレギュラーに。

1990
2年生のはじめからキャプテンに。
はじめての彼女ができるも、1週間で別れる。
バスケ部、地区大会で優勝。
人生2人目の彼女ができる。
学校で1、2番に頭の良い子でした。
つられて勉強してみたものの足元にも及ばず。

1992
3月：高校卒業。

4月：穴吹デザイン専門学校入学。
『ツルモク独身寮』の影響でインテリアデザイナーを志す。
はじめての1人暮らし。
焼き鳥屋でバイト。
週末の夜はクラブ通いで友達づくりに励む。

1994
4月：本兼建築設計事務所入所。
最初の半年は教育係の先輩に怒られまくる。
給料のほとんどを洋服につぎ込んでいた時期。
マウンテンバイクにハマり、東日本でのレースにも参戦。

1999
25歳。
アパレルメーカーへの転職を考えるも、採用されず。
知り合いの手伝いの延長で、HAL建築工房に入社。

2000
26歳。
6月：退職・独立。
建築設計事務所 suppose design office 設立。
下請けで適当に生きていこうともくろむが、
下請けに向いていないことに気づく。

秋：洋服のお店の設計依頼をいただく。
友人づてに何件かお店をつくらせてもらう。
独立後、はじめての住宅の依頼。

2001
12月：初の住宅竣工時にオープンハウスを開催。
2日間で300人が来場!!
これがきっかけで[毘沙門の家]の依頼をいただく。

2003
4月：[毘沙門の家]竣工
GOOD DESIGN賞、JCDデザインアワード新人賞を受賞。
それがきっかけで写真家の矢野紀行さんと出会う。
矢野さんの紹介でたくさんの雑誌掲載が決まる。
広島で[毘沙門の家]が話題になり、少しずつ仕事が増え始める。

2004
高校時代の友人の家[平塚の家]を神奈川県でつくることに。

2005
友人の家[平塚の家]竣工。
テレビ「建もの探訪」で紹介され、他県での仕事が増え始める。
[毘沙門の家]もテレビで紹介されて、傾斜地での依頼が増える。

2006

斜面地に建つ［山手の家］が竣工。これも雑誌やテレビで
いろいろと取り上げていただき、関東での仕事が増える。

2007

12月：名古屋に［florist gallery N］という
フラワーショップ、ギャラリー併用住宅が竣工。
このギャラリーのこけらおとしではじめての個展「suppose展」を開催。

2008

4月：「suppose展」をきっかけとして、E&Yの松澤剛さんから
お誘いをいただき、三菱地所アルティアム（福岡）で「谷尻誠展」を開催。

10月：プリズミックギャラリー（東京・青山）で個展「東京事務所」を開催。
まるで広島の事務所がギャラリー内に出来たかのような展示。
展示終了後、そのまま東京事務所を開設。
「谷尻誠展」をきっかけとして「DESIGNTIDE TOKYO 2008」の
会場構成をさせていただくことになる。

2009

1月：はじめての国際コンペ平和大橋歩道橋設計競技（広島）に挑戦。
惜しくも敗れたもののファイナリスト6案に残る。

5月：雑誌『モダンリビング』で“妄想建築”という名の連載をはじめる。

6月：コンペ敗退の悔しさをバネに海外の美術館コンペ（ポーランド）に挑戦。
締め切りに間に合うように出していたにもかかわらず、先方事務局の不在票
受け取り忘れで、審査されずに作品が返ってくるという事件。
悔しさをバネにさらにコンペにチャレンジしはじめる。
はじめての海外プロジェクト（オーストラリア）が面接により決まる。

10月：勝手に「DESIGNTIDE TOKYO 2009」の会場構成案をプレゼン。
おかげで2008年に続いて会場構成をさせてもらうことに。
これがきっかけとなり東芝のミラノサローネでのインスタレーションが決まる。

2010

4月：東芝ミラノサローネ「LUCESTE」で大成功を収める。
世界中の雑誌で紹介される。
ギリシャのコンペでファイナリストに残るが、また負ける。
北京のコンペで最優秀になったものの、実現されず…。
コンペにトライし続けるも結果が出ない日々…。

12月：国内外合わせて年間の雑誌掲載が100冊を超える。
これまでつくった住宅も80件を超える。
海外で初のレクチャー。メキシコ、シンガポールへ。

2011

広島事務所の引越を機に「THINK」をはじめる。
コンペは7回チャレンジして5回ファイナリストに残るものの勝てない日々。
海外での仕事も少しずつ増えはじめる。
国内での大きなプロジェクト［Water Cliff］が決まる。
はじめてのプロダクト開発（WEST）に関わる。

2012

3月9日：38歳の誕生日。
はじめての書籍『1000％の建築』発売。
いよいよコンペに勝つ年！（宣言）
建築では住宅、店舗、ホテル、オフィス、クリニック、
保育園、複合施設などさまざまなプロジェクトが進行中。
ほかプロダクトやコンサルティング、地域再生、
ファッション、アート、パッケージなどなど仕事の領域も広がる。
著書第2段完成。作品集発売かも。バンコクでレクチャー。
「THINK」番外編開催。

2013

アイデアを提供する会社を設立。
海外の出版社より作品集を発売。
海外コンペに勝利。保育園つぎつぎに完成。
「THINK」書籍出版。苦手だった文章を書くことを克服。

2014

40歳。
『1000％の建築 part2』出版。
キャンベラプロジェクト竣工。
［Water Cliff］完成。

2015

海外で初の個展。
国内に公共建築が完成。
某ホテル竣工。

2016

国内外で美術館竣工。

2017

とある誰もが知っている公共のプロジェクトが完成。

2018

自分の生まれ育った街に公共建築が完成。

2019

ちょっと、ひとやすみ。
といいながら、走り続ける。

2020

46歳。
suppose design office 設立20周年。
住宅竣工数が200件を超える。
きっとこのころには、トライしたいことがまた増えていることでしょう。

——— そして勘違いは続くのでした。

それから8年後……の年表　MAKOTO TANIJIRI CHRONOLOGY

2012年に描いた未来はタイミングや形は多少違うものの、振り返ってみると半分くらいが実現できていた。
勘違いをポジティブに扱う日々の継続によって、最近では描く未来がただの夢ではなくて、
それを実現するための方法をも考える現在になっている。
そうやって、またいつかこの年表を振り返った時に、実現するプロジェクトが増えるだけでなく、
もっと大きな価値づくりに挑戦している自分でありたいと思うのです。

2014
地元の官民一体の公共施設、尾道U2がOPEN。
地元企業マツダ、リブランディングに関わり、
碑文谷のショールームがOPEN。

2015
東京事務所を渋谷区桜丘町に引っ越し。
企画から関わる仕事が増え始める。

2016
新しいマツダのショールーム、高田馬場店がOPEN。
地域密着の商業施設、ひぐらしガーデンがOPEN。

2017
オランダFRAMEよりSUPPOSE作品集を発表。
社員と社会のための食堂"社食堂"を
事務所と併設してOPEN。
富士山本宮浅間大社東側私有地整備事業
プロポーザル最優秀賞。

2018
よりクリエイティブな施工を可能にするため、
21世紀工務店を法人化。
山口県柳井市の図書館プロポーザル最優秀賞。
企画から関わったhotel koe tokyoがOPEN。

2019
建築業界を豊かにするための会社tectureを法人化。
ホテル運営などを手がける運営会社bypassを法人化。
キャンプ事業のためCAMPTECTS.を法人化。

2020
広島事務所をホテルとしてオープンさせる。
建築のプラットホームtectureリリース。
web media、tecture magをリリース。
広島、東京の2拠点生活から多拠点生活にシフト。
THINK WEB スタート。
オリンピックに関する建築が完成!
suppose design office設立20周年。

2021
海外事務所設立。新しい設計事務所の運営方法を提示。
東京事務所建築スタート。広島事務所新築計画スタート。
キャンプ場運営スタート。学校のプロポーザルで勝利!
公共図書館がついにオープン。
故郷三次市に支店を開設。社内ベンチャーが立ち上がる。

2022
東京事務所が複合施設として完成。
supposeみんなで海外研修旅行。
美術館プロポーザルで勝利!

2023
東京事務所が複合施設として完成。
宿泊できる美術館プロジェクト始動。

2024
広島事務所建築スタート。

2025
相変わらず楽しく働く。週休3日になっているころかな。
新しい学校をつくる。移動式の事務所開設。

2026
海外にも住まいを設ける。

2027
国内外にわたる多拠点活動を開始。

2028
社会貢献できるプロジェクトを立ち上げる。

2029
宿泊できる美術館プロジェクト竣工。

2030
56歳、今度こそ、ひとやすみ?

あとがき

はじまりは勘違いだったかもしれません。でも、それが自分の背中を押し、今こうやって本を出版するまでに至りました。コンプレックスに悩んだり、他人と自分を比べては自信を失ったりしていたぼくが、なにかができるという自信や覚悟みたいなものを、少しずつもてるようになってきたんです。幼い頃のひとりよがりで思い込みの塊のような「残念な勘違い」が、さまざまな経験を経て、今は本当に「魅力ある勘違い」ができるように進化してきたと思っています。そして、夢みることを忘れないためには、これからも「勘違い」が必要だと思います。

こんな、勘違いばかりでわがままなぼくを支えてくれた周りの人たちがいたからこそ、今までやってくることができました。当たり前のように過ぎていったり、時間に流されたりして、なかなか言えませんが、本当にみんな、いつもありがとう。心から感謝しています。

最後にここに書くべきなのか悩みましたが、書くことにします。2001年2月1日、毎日のように会っていた後輩が、ぼくの家に向かう途中、交通事故でこの世を去りました。一人っ子のぼくにとって、彼は弟のような存在でした。ぼくは、もうなにをする気力もなくなるくらいに落ち込みました。けれど、あるときぼくは、「これ以上つらいことは、もう今後の人生にはないと、彼は自分の命と引き替えに教えてくれたんだ」と思うことにしました。それ以来、どんなにつらいことや苦しいことがあっても、あの悲しみに比べれば平気だと思うようになりました。それからぼくは、本気で建築に向き合うことに決めたんです。そして迷うことなく、自分のできることを考えながら走り続けてきました。つらいことや悲しいことは、誰もが心の内に秘めています。勘違いとは、そんなつらいこと、悲しいことを良い方向へ変換するスイッチでもあると、ぼくは思えるようになりました。そのスイッチを押すまでは葛藤があるはずです。それでも、押すことで、きっと誰もが未来を切り開いていけるんじゃないかと思うんです。

今回、本の執筆作業を通じ、これまでの自分を振り返り、これからの自分を考える時間をいただきました。ぼくのわがままに本当に根気強く付き合ってくれた、大須賀順さん、須山奈津希さん、竹田麻衣子さん、武井実子さん、武井カルロス正樹さんに、心から感謝を申し上げます。

2 度 目 の お わ り に

2008年の年末、編集者の大須賀さんにもう限界だと言われ、駒場東大の中にある茶室を俳句を書くという目的で借りていただき、作家のように缶詰にされて詰め寄られて文章を書いたことが昨日のようです。自らもっとも大変な道を選び、本を出すという事の大変さを身をもって感じていました。今となっては、その大変さというやつにも、徐々に慣れていき、少々のことでは大変さを感じなくなっている自分がいます。

本来、大変であるということは、字のごとく大きく変わるタイミングを示しています。

それに慣れていくということは、じつは大変さを選ばなくなっているとも言い換えることができます。ひとりのクリエイターとして、自分を追い込み、もっと新しい価値をつくり出していく姿勢、その大切さを2度目のおわりにの文章を書きながら噛みしめています。

時間と共に知らないことが減っていく人生において、どれだけ知らないことに向き合い、挑戦し続けることができるのか、自分でも未知数だけど、大変という選択を好みながら、更なる挑戦を続けていきたいと思います。そしてその挑戦には仲間が必要で、その仲間が2008年よりも現在は増えています。まわりの仲間に感謝しながら、はじめて本を出したころのようにわがままを丁寧に伝え、「新しさとはなんなのか?」という問いを忘れることなく、この本のように、ぼくたちも成長していきたいと思うのです。

はじめて本を手にしてくださった方、2度目ましての方、心から感謝申し上げます。

SPECIAL THANKS

青野賢一（株式会社ビームス / ビームス創造研究所 クリエイティブ ディレクター）

井上奈美（株式会社ビームス / ビームス創造研究所）

江角敏明（有限会社ALF）

大野博史（有限会社オーノJAPAN）

オールライト工房

オノセイゲン

梶井誠（七洋株式会社）

株式会社紙藤原

窪之内英策

笹生八穂子

武井カルロス正樹

内藤暁（小笠原事務所）

長澤徹

二宮拓也（florist_gallery N）

二宮由利香（florist_gallery N）

福間優子（suppose design office）

藤木洋介（株式会社ビームス / Bギャラリー）

松澤剛（株式会社E&Y）

三藤慶紀

宮本芳彦（株式会社宮本卯之助商店）

矢野紀行（矢野紀行写真事務所）

吉田愛（suppose design office）

（50音順・敬称略）

みなさま、ご協力ありがとうございました。

イラスト ／ 須山奈津希

ブックデザイン ／ 竹田麻衣子 武井実子

編集協力 ／ 武井実子

1000％の建築 つづき
僕 は 勘 違 い し な が ら 生 き て き た

2020年5月29日　初版第1刷発行

著者　　　谷尻 誠
発行者　　澤井 聖一
発行所　　株式会社エクスナレッジ
　　　　　〒106-0032 東京都港区六本木7-2-26
　　　　　www.xknowledge.co.jp
　　　　　編集部　TEL 03-3403-6796　FAX 03-3403-1345
　　　　　　　　　info@xknowledge.co.jp
　　　　　販売部　TEL 03-3403-1321　FAX 03-3403-1829